SONJA WÜSTEN MÄRKISCHE MINIATUREN

Märkische Miniaturen

UNBEKANNTE DÖRFER UND HERRENSITZE
VON SONJA WÜSTEN.
MIT 16 GOUACHEN UND AQUARELLEN DER AUTORIN

Das Neue Berlin

ISBN 3-360-00968-1

1. Auflage dieser Ausgabe

Titel und Illustrationen: Sonja Wüsten
Gestaltung: Robert Schumann, Satz: edition ost
Gesamtherstellung: Druckerei zu Altenburg

INHALT

Vorbemerkung Seite 7

Mühlengeschichten am Tegeler Fließ Seite 11
Mönchmühle – Die Schildower Mühle – Dammsmühle

Aus der »Geschichte von dem adlichen Gute Schoenfließ« Seite 23

Wilhelm Lahn, Dorfschullehrer in Stolpe Seite 37

Die Sage von der Hexe im Glienicker Kindelwald Seite 43

Mit der Heidekrautbahn in die Sommerfrische Seite 47
Zühlsdorf – Wensickendorf – Liebenwalde – Wandlitz – Ausflug in die Schorfheide

Schloßbesichtigung auf Fontanes Spuren Seite 77
Liebenberg

Dörfer im Abseits Seite 87
Vehlefanz – Schwante

Schifferansiedlungen an der Havel Seite 97
Malz – Friedrichsthal – Zehdenick

Quellen- und Literaturhinweise Seite 117

Vorbemerkung

In meinem Bücherregal steht eine 1930 in englischer Sprache verfaßte Broschüre über Reisen in Deutschland. Das erste Kapitel beginnt mit der Feststellung: »There is no doubt that Eastern Germany is on of the most unknown streches of territory in all Europe«, ein für die Mark Brandenburg immer noch zutreffendes Urteil. Die Abschottung Ostdeutschlands nach der deutschen Teilung und dem Berliner Mauerbau im Jahre 1961 haben ganz wesentlich dazu beigetragen, daß die Mark, von einigen Glanzpunkten wie Potsdam, Rheinsberg oder dem Spreewald abgesehen, kaum bereist wurde. Seit dem Mauersturz haben Bücher und Fernsehsendungen manch unbekannte märkische Gegend vorgestellt. Aber der Nachholebedarf ist groß.

Dieses Buch berichtet über Dörfer und Städte, über Schlösser und Herrenhäuser im nördlichen Berliner Umland, beleuchtet wesentliche Momente ihrer älteren und jüngeren Geschichte und stützt sich dabei auch auf zum Teil unerschlossene oder kaum ausgeschöpfte Quellen, auf Kirchenbücher, handgeschriebene Chroniken und alte, fast vergessene Veröffentlichungen. Es bietet Reisebilder, die Geschichte und Geschichten erzählen und wendet sich damit an jedermann, der neugierig ist, mehr und andere Informationen über unbekannte oder kaum bekannte märkische Gegenden zu erhalten, als sie ein Reisehandbuch vermitteln könnte.

Daß dabei die Bindungen zwischen Berlin und dem Brandenburger Land besondere Berücksichtigung fanden, liegt in der Natur der Sache, denn das Berliner Umland ist seit Jahrhunderten auf vielfache Weise wirtschaftlich, politisch und kulturell mit der Stadt Berlin verflochten. Nach dem Eisenbahnbau und dem Ausbau der Wasserstraßen seit dem vorigen Jahrhundert sind die märkischen Dörfer und Städte gewissermaßen enger an die preußische, später deutsche Hauptstadt herangerückt. Das weitere Schicksal dieser Orte ist vielfach dadurch bestimmt worden. Aus manchen abgelegenen Dörfern wurden beliebte Naherholungsgebiete. Landwirtschaft, Gewerbe, Handel und Handwerk profitierten davon, in anderen Orten kam es zu für die Hauptstadt wichtigen Industrieansiedlungen. Der Mauerbau nahm dem märkischen Umland ganz entscheidende Lebensadern.

Alte Verkehrstraßen, die Niederbarnimsche und die Kremmener Eisenbahnstrecken, beide zu Beginn unseres Jahrhunderts erbaut, und die Wasserwege der Havel zwischen Oranienburg und Zehdenick markieren die Route dieser Reisebilder, die im sagenumwobenen Mönchmühle beginnt. Wenn es stimmt, daß es um diese Mühle herum nächtens spukte, so war es spätestens nach dem Eisenbahnbau damit vorbei. Die Niederbarnimsche sorgte für frischen Wind, brachte Berliner Ausflügler in Scharen, die sich, unbeeindruckt von Spukgeschichten, im »Gasthaus zur alten Mönchmühle« amüsierten. Auch in Schildow paßte sich eine alte Mühle, eine Sägemühle, den neuen Zeiten an. Ihr Besitzer ersetzte sie durch ein Furniersägewerk, das neben der Bahn erbaut wurde. Die brachte hier nun zwar keine Scharen von Berlinern mit, sondern der Transport verlief in umgekehrter Richtung, das Furnierholz aus Schildow rollte nach Berlin.

Und weiter geht es mit der Niederbarnimschen, vom Volksmund Heidekrautbahn genannt, auf der heute noch befahrenen Strecke Zühlsdorf, Wensickendorf und Wandlitz, drei ursprünglich armselige Dörfer, die infolge der Eisenbahnverbindung nach Berlin als Naherholungszentren einen geradzu kometenhaften Aufstieg erlebten.

Eine der Endstationen befand sich in Liebenwalde, ein bescheidenes Städtchen, das aber mehr zu bieten hat, als mancher Reiseführer verspricht.

Vom Mauerbau hart betroffen waren die Orte an der Kremmener Eisenbahnstrecke. Vehlefanz und Schwante, diese landschaftlich schön gelegenen Dörfer gehörten zu den besonders von den Einwohnern aus Tegel, aus Spandau und aus Reinickendorf gern aufgesuchten Ausflugszielen, seit es durch den Eisenbahnbau eine bequeme Fahrverbindung über Velten und Tegel bis ins Berliner Stadtzentrum gab. Dasselbe trifft für das nicht weit von der Nordbahn entfernte Dorf Stolpe zu, es war nicht nur ein Ausflugsgebiet der Frohnauer und Lieferant für viele landwirtschaftliche Erzeugnisse, sondern beide Orte besaßen auch eine gemeinsame Geschichte, denn das Areal, auf dem Frohnau erbaut wurde, gehörte einst zur Gutsherrschaft Stolpe. All diese Dörfer gerieten nach 1961 ins Abseits, verfielen in eine Art Dornröschenschlaf. Auch für Ostberliner Bewohner kamen die Orte, nach dem Zerschneiden der Verkehrsadern mühselig zu erreichen, als Ausflugsgegenden nicht mehr in Betracht. Seit der Wende beginnen sie allmählich aus einem langjährigen Schlaf zu erwachen.

Der im vorigen Jahrhundert erfolgte Ausbau der Wasserwege im nördlichen Berliner Umland erleichterte vor allem den Frachtverkehr nach und von Berlin und nahm Einfluß auf die Entwicklung von Ortschaften an den Ufern der Flüsse und Kanäle. Die Schiffahrt, mit allem was dazugehört, prägte das Gesicht etlicher Haveldörfer und gab auch der Stadt Zehdenick ihr reizvolles Flair. Von hier aus fuhren ein Jahrhundert lang die Frachtkähne, voll beladen mit Mauersteinen und Dachziegeln, nach Berlin. Um die Jahrhundertwende entstand in und um Zehdenick herum das größte zusammenhängende europäische Ziegeleigebiet.

Die in diesem Buch mit in die Betrachtungen einbezogenen großen Güter in Schönfließ, Stolpe und Liebenberg erhielten zwar keinen direkten Bahnanschluß, gewannen aber auch durch die günstigeren Transportmöglichkeiten für ihre Erzeugnisse von nahe gelegenen Bahnhöfen aus.

Bei der Beschreibung der Schlösser und Herrenhäuser wurde den Kapiteln Liebenberg und Schönfließ verhältnismäßig viel Raum gegeben und auch der Geschichte der adligen Familien nachgegangen. Liebenberg besaß einst eine überregionale historische und kulturelle Bedeutung. Über das außergewöhnliche Schicksal der gräflichen und fürstlichen Familie zu Eulenburg-Hertefeld in Liebenberg liegen bereits Veröffentlichungen vor, diese Schrift stützt sich darauf. Die Geschehnisse in Schönfließ unter der Gutsherrschaft der Freiherren von Veltheim werden hier großenteils erstmalig mitgeteilt.

Diese Familiengeschichten belegen vielfältige politische und kulturelle Beziehungen zur Hauptstadt, ein Phänomen, das ganz allgemein für den hiesigen Adel zutreffend war. Viele märkische Gutsherren hatten am kurfürstlichen, am königlichen und später am kaiserlichen Hof gedient, bekleideten wichtige Regierungsämter oder gehörten zur Armeeführung. Diese Verknüpfungen dauerten bis zum Kriegsende 1945, bei manchem, der sich im Widerstandskampf gegen Hitler engagiert hatte, endeten sie vorher und auf tragische Weise. Auch solche Schicksale berührt dieses Buch.

Die einzelnen Berichte erhellen schlaglichtartig sehr verschiedene Geschehnisse in Vergangenheit und Gegenwart, bieten bunte Bilder, zusammengehalten von den historischen, den kulturellen und landschaftlichen Gemeinsamkeiten der Handlungsorte. Wo es sich ergab, und es ergab sich häufig, sind Sagen und Märchen in die Schilderungen hineingemischt worden. Die weder mit Bodenschätzen gesegnete noch mit fruchtbarem Ackerland verwöhnte Mark liefert als Ersatz oder Trost für eine gewisse Kargheit des Lebens viele wunderbare Geschichten.

Der Anhang enthält auch einige Hinweise auf Verkehrsverbindungen, auf Gaststätten und auch auf Sehenswürdigkeiten und Naturschönheiten in der näheren Umgebung der beschriebenen Örtlichkeiten.

Die Aquarelle und Gouachebilder, die den Text ergänzen, sind teils vor Ort, teils nach Skizzen entstanden.

Sonja Wüsten, Mai 1998

Mühlengeschichten am Tegeler Fließ

MÖNCHMÜHLE – DIE SCHILDOWER MÜHLE – DAMMSMÜHLE

Mönchmühle

Am Tegeler Fließ, dem rauschenden Bach, klapperten einst diverse Mühlen. Alle anderen waren längst verstummt, da sang die älteste, die am Rande Mühlenbecks erbaute Mönchmühle, immer noch ihr Klipp-Klapp. Im Jahre 1972 gab sie auf, denn Versuche, ihr privates Klipp-Klapp in ein volkseigenes im Verband des VEB Getreidewirtschaft Potsdam umzuwandeln, scheiterten genauso, wie Pläne, in der alten Wassermühle ein Erholungs- und Schulungszentrum einzurichten. Unrealistische Pläne sind ein bewährtes Mittel, um unaufschiebbare Instandsetzungsarbeiten guten Gewissens aufzuschieben, häufig solange, bis sie sich erübrigen.

Die Mönchmühle ist im 13. Jahrhundert, als die Askanischen Markgrafen die Mark Brandenburg kolonisierten, erbaut worden.

Die Askanier holten deutsche Bauern, Handwerker, Ritter, Priester und Mönchsorden in das von der seit der Völkerwanderung hier ansässigen slawischen Bevölkerung nur schwach besiedelte weite Land. Um 1230 brachten die Markgrafen Johann I. und Otto III. die Eroberung des Barnim zum Abschluß. Danach erwarben Zisterziensermönche aus dem 1180 gegründeten Kloster Lehnin Besitzungen in diesem Neuland und errichteten Wirtschaftshöfe, um die vom Kloster weiter entfernt liegenden Ländereien zu bearbeiten. Sümpfe, Heide und endlose Wälder wurden unter ihrer Anleitung urbar gemacht. Sie kamen als Missionare und als erfahrene Landwirte, mit den modernsten in Westeuropa bekannten Methoden der Landwirtschaft und mit neuen technischen Errungenschaften vertraut. Dazu gehörten die Wassermühlen. Sie wurden von den märkischen Bauern anfangs mißtrauisch aufgenommen. Sie nannten sie Teufelswerk. Ihre Kraft war ihnen, da ihr Korn bis dahin noch mit der steinernen Handmühle gemahlen wurde, unheimlich.

Die Mönchmühle, im Zusammenhang mit dem Altenhof, einem Klosterhof bei Schönerlinde, errichtet, wurde 1242 erstmalig urkundlich erwähnt. Nach einer 1934 am Mühlenhaus angebrachten Inschrift soll sie 1234 eingeweiht worden sein. Dieses Datum ist jedoch nicht belegt.

Alte Wassermühlen waren in der Malerei schon im 17. Jahrhundert ein beliebtes Motiv. In der Zeit der Romantik eroberten sie sich einen der ersten Plätze in mehreren Genres der Kunst, den sie während des ganzen 19. Jahrhunderts hielten. Immer wieder wurden sie gezeichnet, gemalt, besungen. In der Literatur bildeten sie oft genug den Handlungsschauplatz für Liebes- und Kriminalerzählungen.

Um die Mönchmühle rankt sich eine düstere Legende, eine regelrechte Kriminalstory aus der Zeit, als die Mühle noch von den Mönchen betrieben wurde: Zu den Malkunden gehörte der Jäger Kilian. Er lebte mit seiner Tochter in Schönerlinde. Seine Frau war im Kindbett verstorben. Das auf den sinnigen Namen Waldtraut getaufte, zu einer lieblichen Jungfrau erblühte Mädchen wurde die Braut des braven Jagdgehilfen Hubertus, für Vater Kilian ein willkommener Schwiegersohn. Alles schien bestens arrangiert zu sein. Doch als das schöne Kind für seinen Vater das Korn in die Mönchmühle schaffte, um es von den frommen Mönchen zu Mehl mahlen zu lassen, da lauerte in der Mühle das böse Geschick in Gestalt des Bruders Chlodwig. Von ganz und gar unfrommen Begierden beherrscht, lockte er die arglose Maid in seine Kammer.

Da beteuerte er, bei ihrem Anblick in heißer Liebe entbrannt zu sein und versprach ihr goldene Berge, in den Ritterstand wollte er zurückkehren und sie als seine Gemahlin ins väterliche Schloß heimführen. Doch die ihrem Hubertus treu ergebene Waldtraut schlug die steile Karriere aus. Das brachte Chlodwig in Rage, er mißgönnte die holde Jungfrau dem anderen und schmiß sie kurzerhand aus dem Fenster, direkt ins Mühlrad hinein, das nichts von ihr übrigließ.

Der Vater und der Bräutigam glaubten, sie sei ein Opfer wilder Tiere geworden. Bei dieser Version wäre es wohl geblieben, wenn die Gewissensbisse Chlodwig nicht eines Tages dermaßen geplagt hätten, daß er seinem Prior, dem guten Abt Wunibold, die Mordtat beichtete, welche diesen so erzürnte, daß er den Bösewicht bis in alle Ewigkeit verfluchte. Jammernd und wehklagend sollte sein Geist dereinst nächtens um die Mühle irren und von dem hölzernen Tisch, an dem der Mordbube bisher mit den Klosterbrüdern gespeist hatte, sollte nie mehr gegessen werden. Der Himmel bekräftige den Spruch mit Donner und einem Blitzschlag, der die vorm Haus stehende Kastanie zwei Fuß über dem Erdboden säuberlich spaltete. Gleichzeitig sauste der Mühlstein durch die Luft und landete, den bösen Chlodwig zerquetschend, akkurat auf dem Baumstumpf. Auf diese Weise wurde der hölzerne Eßtisch durch einen aus dauerhaftem Material ersetzt. Ob er den Appetit der Mönche irgendwie beeinflußte, muß offenbleiben. Von den trauernden Hinterbliebenen der schönen Waldtraut ist leider nichts Tröstliches zu berichten. Vater Kilian starb vor Kummer, von alleine, der brave Hubertus starb auch, aber nicht von alleine, er half nach, ertränkte sich im Fließ. Des unseligen Chlodwigs Geist soll noch lange klagend um die Mühle herumgestrichen sein. Wann und weshalb er damit aufhörte, wurde nicht überliefert.[1] Mit kurzer Unterbrechung befand sich die Mühle fast drei Jahrhunderte im Besitz der Lehniner

1 Inhaltlich wurde die Legende der Schrift von Sigrid Moser entnommen, Geschichte(n) rund ums Mühlrad. Mühlenbeck 1994. Seite 107 ff.

Mönche. Im Jahre 1517 wurde sie an einen Herrn Albrecht Holzendorf verkauft und blieb bis 1972 in Privatbesitz. Die Mönchmüller verdienten nicht schlecht. Bis zum Beginn des 19. Jahrhunderts sicherte der territoriale Mahlzwang jedem Müller einen festen Kundenkreis. In Schwulitäten konnte er nur kommen, wenn die Obrigkeit mit der Zustimmung zum Bau weiterer Mühlen zu viel Konkurrenz zuließ, die den Kundenstamm verringerte. Solche Gefahr sah der Mönchmüller Andreas Grüwel im Jahre 1746 auf sich zukommen, als der entlassene Soldat Theophilus Knape ein Gesuch an den König richtete zwecks Bau einer Mühle am Mühlenbecker See. Um das zu verhindern, bewarb Andreas Grüwel sich selbst um den Neubau und erhielt die Genehmigung. Bei diesem Bau übernahm er sich finanziell, so daß er die neue Mühle im Jahr 1755 bereits verkaufen mußte. Von dem Käufer, dem Lederfabrikanten Peter Friedrich Damm, wird an anderer Stelle noch die Rede sein. Das Industriezeitalter bescherte der alten Mühle neben der Elektrokraft vor allem den Eisenbahnanschluß. Nach dem Bau der Niederbarnimschen Eisenbahnlinie im Jahre 1901 wurde die Mönchmühle als Ausflugsziel entdeckt. Das führte in den zwanziger Jahren zu einem Anbau mit Tanzsaal und Ausschank. Im Gasthaus »Zur alten Mönchmühle« stellte der Wirt an schönen Sommertagen rund um den Mühlteich Stühle und Tische auf. Da ließ man sich beim Mühlwasserrauschen für 75 Pfennige eine ordentliche Portion Bratkartoffeln mit Sülze schmecken. Und während Mutter und Vater sich danach noch ein Kännchen Bohnenkaffee für 55 Pfennige genehmigten, verfütterte der ungeduldige Nachwuchs mitgebrachte Stullen an die im Mühlteich herumschwimmenden Schwäne. Nur ein naher Badesee wurde vermißt. Deshalb war es ein großer Glücksfall, daß ein solcher See 1936 durch den Abbau von Kies an der Schildower Grenze entstand. Je tiefer man schaufelte, desto mehr Grundwasser sammelte sich an, bald schwappte es über die rund um den See gelegten Schienen. Einige sollen noch drinliegen. Über das Fließ gelangten auch Fische in den See, so gewährte er neben den Bade- auch Anglerfreuden. Der totale Krieg beendete das Idyll. Die restliche

Gastlichkeit verschwand nach der Einstellung des Mühlenbetriebes. Das nach einem Brand im Jahre 1819 biedermeierlich schlicht wiederaufgebaute Mühlenhaus hat, obwohl nun leer und verlassen und reichlich lädiert, mit den herrlichen Linden- und Ahornbäumen davor, immer noch etwas anheimelnd-Romantisches.

Die Schildower Mühle

Rund 600 Jahre drehte sich auch in Schildow das Mühlrad am Tegeler Fließ. Was aus der Geschichte dieser Mahl-und Schneidemühle überliefert wurde, verdient eher die Bezeichnung deftig als romantisch.

Der Erbmüller Johann Luder baute ohne Genehmigung seine unterschlächtige in eine oberschlächtige Wassermühle um und machte sich dadurch sowohl die benachbarten Mühlenmeister als auch die Bauern zu Feinden. Die neue Technik entzog der Konkurrenz das Wasser, während sie das Bauernland überschwemmte. Luders Streit mit den Bauern weitete sich aus. Schuld daran war das dämliche Vieh, das die Gebietsgrenzen nicht respektierte. Das Bauernvieh kam dem Mühlendamm zu nahe, das Müllersche trampelte auf den Bauernwiesen rum, woraufhin die Blankenfelder Bauern sich zur Geiselnahme entschlossen. Zwei Monate lang hielten sie ungestraft des Müllers Kühe auf ihrem Terrain fest, bis sein wachsames Auge den Lehnschulzensohn in flagranti bei der Viehentführung ertappte. Er verdrosch ihn mit der Hacke. Dabei floß Blut, das schrie nach dem Richter. »Der Schildowsche Müller und seine Söhne sind die unruhigsten Köpfe, wo man im ganzen Amte findet...die aus dem Dorfe drohen, ihm das Vieh tot zu schlagen, wenn man mit den grauen Haaren des Müllers Mitleid haben sollte...« heißt es in einem dem Gericht vorgelegten Schreiben des Blankenfelder Gutsverwalters vom 17. Juni 1709. Vieleicht hatte man Mitleid mit des Müllers grauen Haaren, oder die Rechtslage war so hoffnungslos verworren, daß ein Vergleich zwischen den Kontrahenten angesteuert wurde und nach langem Hin und Her auch zustandekam.[1]

Die Schildower Mühle stand neben der kleinen Brücke, die an der B 96a das Tegeler Fließ überspannt. Sie bestand früher aus Holz, ihre Instandhaltung oblag dem jeweiligen Schildower Mehlmahl-und Sägemüller. Wenn die schwer beladenen Postkutschen, unterwegs zwischen Berlin und Oranienburg, über das Brückchen donnerten, dann erzitterte es, und mancher Fahrgast erzitterte auch. Trotzdem sah Müller Heiland nicht ein, weshalb er sein gutes Geld in diese Brücke stecken sollte. Bei dem ständig zunehmenden Postverkehr könnte daraus leicht ein Faß ohne Boden werden, zumal die schwache Holzkonstruktion, seit Heinrich, der Bruder des Großen Königs in Rheinsberg Hof hielt, zusätzlich oft genug durch allerhöchste Herrschaften mit ihrem ganzen Gefolge belastet wurde. Deshalb, meinte der Müller, müsse es doch möglich sein, an staatliches Holz heranzukommen. Er bemühte sich mit Erfolg. Und wie es so geht, mancher langt, wenn er merkt, wie leicht es ist, sich die Taschen auf Staatskosten zu füllen, tüchtig zu. Das tat auch Müller Heiland. Endlich wurde die Domänenkammer mißtrauisch und brachte das Geschäft mit einem Krach zum Abschluß.

Solcher Art waren die Schildower Mühlengeschichten bis zu den Gründerjahren, deren gewaltiger Bauboom der zur deutschen Hauptstadt gekürten preußischen Metropole Berlin ein Weltstadtgepräge gab. Damals brach für die Schildower Mühle eine neue Ära an. Der Mann, der sie einleitete, hieß August Gottschalk und war ein Schiffseigner aus Barth. Er kaufte die Schildower Mühle 1874 und gründete ein Säge- und Furnierwerk. Gottschalk brachte nicht allein das notwendige Kapital mit, sondern besaß auch Gespür für das Kommende. Bis zum Jahre 1945 standen im Nordbarnim noch 48 Sägemühlen. Sie lieferten im wesentlichen Bauholz. Furnierholz wurde nur in Schildow hergestellt. Die Nachfrage wuchs im letzten Drittel des vorigen Jahrhunderts.

1 Inhaltlich wurde der Streit des Mühlenmeisters mit den Bauern der Schrift von Herbert Lüpnitz entnommen, Chronik des Dorfes Schildow. 1958. Unveröffentlichtes Manuskript im Kirchenbesitz

Ein Hausbesitzer, der etwas auf sich hielt, ließ Decken und Wände und oft ganze Treppenhäuser täfeln, im Renaissance-, im Barock- oder im gotischen Stil, ganz nach Geschmack. Die Villen der neuen Reichen machten den Adelssitzen Konkurrenz. Repräsentation war angesagt, auch bei den Möbeln. Groß mußten sie sein, wuchtig und prächtig. Das erforderte viel Furnierholz, meist Edelfurnier. Gottschalk stellte ein Horizontalgitter auf – das schnitt Bretter und Bohlen – und zwei Furniersägen. Das Furnierholz wurde vertikal geschnitten. Und weil die Wasserkraft nicht ausreichte, erwarb er zusätzlich eine Dampfmaschine. Da im Barnim nur an wenigen Stellen Edelhölzer wuchsen, bezog die Firma ihr Holz hauptsächlich aus Norddeutschland und Polen. Im Jahre 1906 brannte die alte Mühle ab. Das Landhaus am anderen Fließufer, das August Gottschalk zusammen mit der Mühle erworben und als Sommersitz genutzt hatte, blieb erhalten. Es dient seinen Nachkommen noch immer als Wohnhaus.

Der Sohn des Firmengründers, Bernhard Gottschalk, baute die alte Mühle nicht wieder auf, sondern kaufte ein verkehrsgünstig neben dem Schildower Bahnhof gelegenes Gelände und errichtete dort ein größeres Werk. Es arbeitete mit drei Horizontalsägen zur Nutzholzherstellung und mit fünf Furniersägen. Durch den Einbau von Aufzügen in öffentlichen Gebäuden, in Wohn- und Geschäftshäusern kamen lukrative Aufträge hinzu. Das Schildower Werk belieferte die damals größte Aufzugfirma »Flor« in Berlin.

Nach einer erneuten Brandkatastrophe im Jahre 1947 als reines Furnierwerk wieder aufgebaut, blieb es bis 1962 im Privatbesitz der Familie Gottschalk, wurde danach halbstaatlich weitergeführt und ist 1972 enteignet worden. Die Sägeeinrichtungen wurden nach der Verstaatlichung entfernt. Es entstand ein Möbelwerk, das nach der Wende die Produktion einstellte.[2] 1995 erfolgte die Rückübertragung an Johannes Gottschalk, den Urenkel des Gründers.

2 Die Angaben stützen sich auf ein Gespräch der Verfasserin mit Johannes Gottschalk im Jahre 1993

Dammsmühle

Der Name geht auf den Lederfabrikanten Peter Friedrich Damm zurück, der die Mehlmahlmühle am Mühlenbecker See 1755 von Andreas Grüwel kaufte. Sie stand zwar nicht am Tegeler Fließ, wurde jedoch von demselben Wasser gespeist, denn der Mühlenbecker See ist die Quelle, aus der das Fließ entspringt. Nach dem Erwerb dieser Mühle beantragte Damm die Konzession für den Bau einer Lederwalkmühle, die ihm gern gewährt wurde. Der 1741 aus Brandenburg nach Berlin gekommene Sattlermeister hatte es dort in wenigen Jahren zu Ansehen und Wohlstand gebracht. Er besaß das Alleinrecht, des Königs Armee mit Uniformteilen aus dem geschmeidigen Sämischleder, vor allem für Gamaschen und Handschuhe geeignet, zu versorgen. Heereslieferungen hatten im Preußen immer, besonders während der Schlesischen Kriege, Hochkonjunktur. Zwei Drittel seiner Einnahmen gab der Staat schon im Frieden für die Armee aus und in Kriegszeiten noch viel mehr. Damms Einkünfte erlaubten ihm, auf dem Mühlengelände auch noch einen hübschen Landsitz zu erbauen.

Das Anwesen war auf zwei Wandgemälden im Berliner Ermelerhaus abgebildet. Dieses Haus, eine der ersten Berliner Adressen, hatte Damm von dem Bankier Wylich erworben. Königin Elisabeth Christine, die ungeliebte Gattin Friedrich des Großen, fand Gefallen an Damms Landsitz und hat sich mehrfach dort aufgehalten. Die ländliche Idylle war, in der Rokokozeit von Frankreich ausgehend, bei Hofe in Mode gekommen. Man kokettiert mit den Ideen des Philosophen Jean Jaques Rousseau, der für ein natürliches und naturverbundenes Leben warb. Besonders beliebt wurden amouröse Schäferspiele vor ländlicher Kulisse. Marie-Antoinette, die Gattin Ludwig des XVI., ließ im Garten des Schlößchens Trianon, am Rande von Versailles, neben Liebestempel und Aussichtsturm auch ein Dörfchen aufbauen, mit Mühle, Molkerei, Hühnerstall, eine Art Miniatur-Landwirtschaft – die geeignete Szenerie für Schäferspiele.

Damms Landsitz besaß für solche Aufführungen im Obergeschoß einen Theatersaal. Die Schönen präsentierten sich dabei im Schäferinnenkostüm, dessen Miederausschnitt Einblick in gefällige Rundungen gewährte, während der bauschige Rock attraktive Waden zur Geltung brachte. Ob die verschmähte Elisabeth Christine solche Trümpfe in Dammsmühle ausspielte, mag dahingestellt bleiben. Der Große König ließ sich dort nicht sehen, häufiger aber sein Neffe und Nachfolger Friedrich Wilhelm, der sich dort ein Stelldichein mit seinen Mätressen gab. Und die zierten sich gewiß nicht, am wenigsten die Musikantentochter Wilhelmine Rietz, geborene Encke, spätere Gräfin Lichtenau, die den Kronprinzen und späteren König Friedrich Wilhelm II., trotz seiner anderweitigen Eskapaden, fest im Griff hatte und deshalb auch preußische Madame Pompadour genannt wurde. Die Heirat mit dem Kammerdiener Hermann Rietz hatte ihr Friedrich II. verordnet, um ihre Liaison mit dem Kronprinzen etwas zu verbrämen.

Wilhelmine wohnte zeitweilig in Damms Kavalierhaus am See. Leicht hätte Dammsmühles Ruf dadurch dauerhaft Schaden nehmen können. Aber der Auftritt der Königin Luise machte ja alles wieder gut. Wann und bei welcher Gelegenheit und ob er überhaupt stattfand, ist zwar nicht gewiß. Zumindest sind die Beweise, nur auf die Ähnlichkeit in der Anlage von zwei Baumalleen gestützt, etwas dürftig. Die eine befand sich in Dammsmühle, die andere, durch Luise inspirierte, vor dem Mauseleum im Charlottenburger Schloßpark. Aber was bedeuten schon Beweise. Für jeden guten Preußen, besonders für den Märker, genügte schon der Schatten des Verdachts, daß ihr Fuß Dammsmühler Terrain betrat, um Zwielichtiges in eitel Sonnenschein zu verwandeln.

Nach dem mehr oder minder dramatischen Abtritt der französischen Rokokohelden von der Bühne der Geschichte, war es vorbei mit der Rokokoeleganz. Man gab sich griechisch-römisch, Bildung war in, Schäferspiele waren out. Und Dammsmühle geriet bei mehrfachem Besitzerwechsel bedenklich in Verfall. Um 1890 sank es auf die Stufe eines Vergnügungslokals herab. Die Geschäfte gingen denkbar schlecht. Für vergnügungssüchtige Normalverbraucher war der Ort, 3 Kilometer von Schönwalde entfernt, das damals noch nicht einmal eine Bahnstation besaß, zu abgelegen.

Doch nun war eine neue Gesellschaftsschicht mit großem Nachholebedarf emporgekommen, das reiche Bürgertum, es gönnte sich alles, was dereinst Privileg des Adels war und noch viel mehr. Dammsmühle machte erneut Karriere. Leutnant Friedrich Adolf Wollanks Millionen sorgten dafür. Er entstammte einer reichen Berliner Kaufmannsfamilie. Sie war im 18. Jahrhundert durch Seidenweberei und Seidenhandel zu Geld gekommen und hatte ihren Besitz in der Folge durch den Erwerb von Grundstücken in günstiger Innenstadtlage beträchtlich vermehrt. Adolf Wollank kaufte Dammsmühle 1894 bei einer Zwangsversteigerung. Zwei Jahre später ließ er ein repräsentatives neubarockes Wohnhaus errichten. Damms Landhaus wurde aufgestockt und mit dem Neubau verbunden. Das Ensemble verdiente nun den Namen Schloß. Ein seltsames Bauwerk entstand auf einer schwimmenden drehbaren Insel auf dem Mühlteich. Es erhielt die Gestalt einer Moschee, um die sich eine Legende bildete. Wollank, hieß es, habe den sonderbaren Bau für eine orientalische Prinzessin bestimmt, die er aus einem Serail entführte. Tatsächlich befand sich im Innern der Moschee ein großer prächtiger Tanzsaal. Dort feierte der Hausherr mit den Spitzen der Gesellschaft aus der Umgebung und aus Berlin bacchantische Feste. Das Erscheinungsbild der zumeist schwarz befrackten Herren, die sich da im Tanze drehten, wirkte im Vergleich zu den Kavalieren der Rokokozeit etwas eintönig. Die Mode nahm Rücksicht darauf, daß diesen mit Geldverdienen beschäftigten Männern wenig Zeit für ihre Garderobe blieb. Es war wirklich eine Zeit- und keine Finanzfrage, das bewies der schimmernde Perlen- und der funkelnde Brillantschmuck der Gattinnen, der Töchter und Freundinnen, ihre teuren Roben lang fließend aus feinen Samt- und kostbaren Seidenstoffen gearbeitet, verziert mit Chiffon-Volants, Spitzen und gestickten stilisierten Ranken und Blüten im Geschmack des um die Jahrhundertwende herrschenden Jugendstils. Nach dem Tod von Adolf Wollank im Jahre 1915 begann die Moschee zu verfallen. Was davon übrig blieb, hat das Jahr 1945 nicht überdauert. Der englische Fabrikant, Harry Goodwin Hart, erwarb das märkische Schloß 1929. Kurz vor Ausbruch des II. Weltkrieges verließ er Deutschland. Im dritten Kriegsjahr brachte die SS den Besitz an sich und setzte Häftlinge aus dem KZ Sachsenhausen für Instandhaltungs- und Baumaßnahmen ein. In den letzten Jahrzehnten bis zur Wende fristete Dammsmühle ein so verstecktes Dasein, daß es in der Öffentlichkeit nahezu in Vergessenheit geriet. Das Ministerium für Staatssicherheit hatte es 1961 übernommen und ein Gästehaus darin eingerichtet.

Nach der Wende pachtete ein renommiertes französisches Hotelunternehmen das Anwesen und eröffnete das »Schloßhotel Dammsmühle«. Als architektonische Kostbarkeit kann es kaum noch gelten. Adolf Wollanks reichlich groß geratener Neubau wirkt etwas unproportioniert. In den nachfolgenden Jahrzehnten kamen allerlei stillose Um- und Ausbauten hinzu. Doch inmitten der bewaldeten Hügellandschaft am Ufer des großen Mühlteiches, in dessen Wasser sich das Schloß an windstillen Tagen spiegelt, ist es dennoch hübsch anzusehen.

EINIGE PRAKTISCHE HINWEISE FÜR REISENDE
MÖNCHMÜHLE – DIE SCHILDOWER MÜHLE – DAMMSMÜHLE

Schildow, von der B 96a durchquert, ist ein Ausgangspunkt sowohl für PKW-Fahrer und Radler als auch für Reisende mit einem Linienbus. Am Dorfanger, dessen Umbauung den dörflichen Charakter behielt, befinden sich die Haltestellen für die zwischen Pankow und Hermsdorf verkehrenden Busse der BVG und für die zwischen Schildow und Zühlsdorf fahrenden der OVG. Die Busse nach Hermsdorf tangieren den Kindelwald, die nach Zühlsdorf halten u.a. in Mönchmühle. Die Strecken sind stark befahren. Schildow, von jeher ein Tor zum nördlichen Berliner Umland, ist kein ruhiger Ort. Dennoch bietet er auch schöne stille Wanderwege. Ein Feldweg rechts neben der Brücke am Ortseingang führt an Pferdekoppeln vorbei nach Mönchmühle. Von der Dorfaue aus nach Westen kann man, eine vom Tegeler Fließ durchzogene, wellige liebliche Landschaft durchwandernd bis in das Reiterdorf Lübars gelangen, das einzige in seinem dörflichen Charakter völlig erhalten gebliebene Berliner Dorf. Die Gastlichkeit ist dort seit vielen Jahren auf zahlreiche Ausflügler eingerichtet.
Die alte Mönchmühle und der Kiessee sind auf einem kurzen Fußweg von der S-Bahnstation Mühlenbeck-Mönchmühle (Linie 10) aus zu erreichen. Außerhalb der Badesaison ist ein Vor-oder Nachmittagsspaziergang um den Kiessee herum erholsam. Für das leibliche Wohl sorgt das im ersten Kapitel bereits erwähnte Restaurant und Café am See. Wer ein historisches Ambiente wünscht, findet es im« Kastanienhof«, dem zum Gasthaus ausgebauten alten Bahnhofsgebäude der ehemaligen Station Schildow-Mönchmühle. An der Mühlenbecker Straße, kurz vor dem Bahnübergang, steht der »Gasthof zur Fichte«, etwas für Freunde der einfachen deutschen Hausmannskost und für den kleinen Geldbeutel.
Auto- und Radfahrer haben die Möglichkeit, der Mühlenhistorie noch am selben Tag weiter zu folgen.Von Mühlenbeck aus führt eine ausgeschilderte Straße zum Schloßhotel Dammsmühle. Für Fußgänger ist ein Besuch des Bahnhofs Schönwalde aus zu empfehlen.

Aus der »Geschichte von dem adlichen Gute Schoenfließ«

Schönfließ, nur eine S-Bahnstation von Mönchmühle entfernt, wirkt von weitem wie ein Dorf aus der Spielzeugschachtel, niedrige Häuschen, geduckt unter mächtigen, nur vom Kirchturm überragten, Bäumen. Die kleinen Häuser sind schlicht, aber mit ihren Gärten drum herum nett anzusehen. Die viel befahrene B 96a berührt nur einen kleinen Teil des Ortes. Unter den Kastanienbäumen am Dorfanger herrscht Stille. Der Ortsname, in frühen schriftlichen Zeugnissen unterschiedlich geschrieben, geht vermutlich auf ein kleines Fließ zurück, das im ehemaligen Gutspark – jetzt ein ziemlich verwildertes Waldstück – noch zu sehen ist. Das Dorf wurde 1375 im Landbuch Kaiser Karls IV. erstmalig erwähnt. Wahrscheinlich gehört es zu jenen Dörfern, die nach dem Erwerb des Barnim durch die Askanier im 13. Jahrhundert gegründet wurden, denn der Baubeginn der Dorfkirche liegt in dieser Zeit.

Viele Jahrhunderte haben an dieser Kirche ihre Spuren hinterlassen. Die Ausstattung stammt vorwiegend aus der Barockzeit. Ein an der Hauptstraße gelegenes weiträumiges von mehr oder minder lädierten Wirtschaftsgebäuden umstandenes Hofgelände weist auf das ehemalige Rittergut. Im Sommer mildern hochgeschossene Holunderbüsche und Gräser den Anblick der Ruinen. Das Herrenhaus ist, bis auf einen geringfügigen, noch genutzten Rest, wie viele märkische Adelssitze, nach dem zweiten Weltkrieg abgerissen worden. Das schon im 15. Jahrhundert erwähnte Gut Schönfließ erlebte in der Epoche Friedrichs des Großen eine Blütezeit, die es dem Wirken der Familie von Pannwitz verdankte. Als Zeitzeuge berichtete davon Johann Martin Vollmer, von 1746–1797 Prediger in Schönfließ. Er verfaßte auf 375 handgeschriebenen Seiten die zweibändige »Geschichte von dem Adlichen Gute Schoenfließ« in der Zeit von 1420–1797.

Das Rittergut befand sich seit 1735 im Besitz der Familie von Pannwitz. General Wolf Adolf von Pannwitz (1679–1750), Gutsherr auf Großgaglow und Lepten in der Lausitz, der seine Laufbahn als Jagd-und Reitpage König Friedrichs I. begonnen hatte, gab seine Lausitzer Besitzungen auf, um Schönfließ zu erwerben. Mitkäuferin war seine Ehefrau, Johanna Maria Auguste, geb. von Jasmund (Tollenhagen) (1702–1771). Der vom königlichen Hof nicht allzu weit entfernt liegende neue Wohnsitz erleichterte es dem General, seine dienstlichen Verpflichtungen mit den gutsherrlichen zu vereinbaren. Außerdem sah er als erfahrener Landwirt, daß sich aus dem Gut etwas machen ließe. Der Ackerboden in Schönfließ war fruchtbar, und es gab genügend gutes Weideland für die Viehaltung. Mit 1654 Morgen gehörte Pannwitz etwa die Hälfte der zum Dorf rechnenden Bodenfläche.

Doch der Besitz war heruntergewirtschaftet, das Herrenhaus kaum noch bewohnbar. Innerhalb von vier Jahren wurde das gesamte Anwesen instandgesetzt und neu geordnet. Der für den Neubau des Herrenhauses vorgesehene Platz war durch einen Bauernhof besetzt, für den Ersatz geschaffen werden mußte. Das geschah ohne Feilschen und nach streng rechtlichen Regeln, wie es dem Charakter des Generals entsprach. Vollmer beschreibt ihn als eine ernsthafte Natur, er hätte selten gelacht aber doch Sinn für Humor besessen. Durch sein lebhaftes Temperament sei er allerdings leicht erregbar gewesen und habe zu Zornesausbrüchen geneigt, vermutlich auch eine Folge seiner schweren Gichterkrankung, die seine militärische Karriere beendete. Besonders in den letzten Lebensjahren wurde er häufig von Gichtanfällen geplagt. Nach seinem Tod fiel Schönfließ an seine Witwe. Sie erwies sich als tüchtige Gutsherrin. Vollmer bezeichnete sie als einen immer zu großen Unternehmungen bereiten Menschen. Das zeigte sich schon zu Lebzeiten ihres Gatten. Während er mit dem König in den ersten Schlesischen Krieg gezogen war, ließ sie 1741 das ganze Gut vermessen. Den Anlaß boten endlose Beschwerden der Bauern über die Grenzen der gutsherrlichen Äcker und Wiesen.

Sie waren damals allgemein noch ungenau festgelegt. Vielfach mußten solche Streitfragen, die auch zwischen den Bauern aufkamen, gerichtlich ausgetragen werden. Die Vermessung beendete dieses Ärgernis. Eine königliche Verfügung zur Separation der Ländereien bot ihr 1767 erneut Gelegenheit, ihre Tatkraft und ihren Sinn für Ordnung zu beweisen. Die Separation sah eine Zusammenlegung von in unterschiedlichem Besitz befindlichen, an verschiedenen Stellen gelegenen Landstücken durch Austausch vor. Die Durchführung war nicht ganz einfach, weil beim Austausch auch die Bodenqualität festgestellt und berücksichtigt werden mußte. Deshalb versuchten verschiedene Untertanen, sie von dem Unternehmen abzubringen. Doch sie ließ sich nicht beirren, sie hatte erkannt, daß die Zusammenfassung zum jeweiligen Hof gehörender Äcker und Wiesen eine wichtige Voraussetzung für die Verbesserung der Landwirtschaft im ganzen Dorf darstellen würde.

Der von Vollmer nach ihrem Tod verfaßte Nachruf ist ein Loblied ohne Einschränkungen. Er beschreibt sie als große schöne Frau: »Sie gehörte zu den vollkommensten Schönheiten ihres Geschlechtes«. Er rühmt ihre Menschenkenntnis, ihre Kraft, und daß sie sich jedermann gegenüber gesprächig und ungezwungen gab. Sie muß eine erstaunliche Persönlichkeit gewesen sein, sehr verschieden von der Damenwelt, die sich im nahen Dammsmühle amüsierte. Nicht immer geraten Söhne nach ihren Eltern, aber Friedrich Wilhelm von Pannwitz (1719–1790), der einzige Sohn und Erbe, der Schönfließ nach dem Tod seiner Mutter 1771 übernahm, setzte das Werk seiner Eltern nicht nur fort, sondern spielte für die Entwicklung der Landwirtschaft eine noch bedeutendere Rolle. Er hatte seine Laufbahn, wie sein Vater, in der Preußischen Armee begonnen. Er schied als Oberstleutnant aus dem Kriegsdienst aus und widmete sich danach ganz der Bewirtschaftung seiner Güter. 1747 hatte er die Hofdame Albertine Sophie Wilhelmine von Viereck (1731–1772) geheiratet, eine Tochter des Preußischen Etatministers Adam Otto von Viereck. Mit ihrem Erbe von 100.000 Reichstalern beteiligte sie sich 1759 am Kauf der Güter Glienicke und Stolpe. Sommers lebte die Familie in Stolpe, im Winter in Berlin, bis sie 1771 in Schönfließ den Wohnsitz nahm. Pannwitz führte auf seinen Besitzungen neue, beispielgebende Landwirtschaftsmethoden ein, es entstanden Mustergüter. Um den Boden nicht zu erschöpfen, baute er auf den Äckern wechselweise Getreide, Klee und Kartoffeln an. Der Kleeanbau auf dem Feld war neu, und Kartoffeläcker besaßen in der Mark noch Seltenheitswert, denn der märkische Bauer war in der Regel nicht experimentierfreudig. Pannwitz hingegen unternahm auch Saatzuchtversuche und verbesserte die Rinder- und Schafzucht durch Mischung der Herden mit Tieren aus Spanien und England.

Es gediehen nicht nur die Herden, sondern auch die Familie. Sieben Kinder brauchten Platz. Das von seinem Vater erbaute kleine Gutshaus wurde erweitert. Im Äußeren blieb es schlicht, innen barg es manche Kostbarkeit. Der kunstsinnige König Friedrich Wilhelm IV. soll das Parkett gerühmt haben, es überträfe die Parkettböden der königlichen Schlösser. Die Pannwitzkinder hatten nun genügend Platz, aber keine Mutter mehr. Die Gutsherrin war 1772 im Alter von einundvierzig Jahren, wie Vollmer berichtet, nach längerem Leiden an der Auszehrung gestorben.

Sein in der Chronik enthaltener Nachruf ist bemerkenswert. Nachdem er ihre Schönheit und ihre geistigen Gaben gewürdigt hatte, rühmt er ihren Charakter: »Sanftheit und Gelassenheit waren vorzügliche und eigenthümliche Züge ihres Gemüthscharakters daher man auch an ihr niemals diejenigen Ausbrüche von Heftigkeit bemerkte, die sonst ihrem Geschlechte so gewöhnlich sind.« Es muß offenbleiben, ob der Verfasser solche Erfahrungen mit der Damenwelt ganz allgemein oder gar am eigenen Herd sammelte. Friedrich Wilhelm von Pannwitz stürzte sich nach dem erlittenen Verlust mit vermehrter Energie in seine Unternehmungen. Sein spezielles Interesse galt der Bierbrauerei und der Branntweinherstellung. Er entwickelte selbst Rezepturen, erhöhte die Malzzugabe beim Bier und fand eine günstige Kornmischung bei der Branntweinherstellung. Er verkaufte gute Qualität zu niedrigen Preisen und erzielte damit weitaus höhere Einnahmen als einst seine Mutter.

Das ermöglichte es ihm auch, den alten, nur aus einer Stube für Krüger und Gäste bestehenden Dorfkrug, durch einen Neubau zu ersetzen. Der Aufenthalt in der allgemeinen Gaststube, darin sich Bettler und allerlei Volk halte, schrieb Vollmer, sei für die vornehmen Personen unangenehm. Die Zimmer für solche Gäste erhielten dann sogar Tapeten, damals ein ziemlicher Luxus für einen Krug. Dieser Dorfkrug war noch vor wenigen Jahren ein Hauptanziehungspunkt in Schönfließ. Er brannte 1992 unter nicht ganz geklärten Umständen nieder. Vollmers Schrift ist nicht nur eine ergiebige orts- und familiengeschichtliche Quelle und ein wertvolles Zeitdokument, sie offenbart auch die Denkart und den Charakter des Verfassers. Sein schnörkelloser Schreibstil verrät bereits, daß er kein Schöngeist im Geschmack der Rokokozeit war. Sie trieb in Frankreich unter Ludwig XVI. ihre letzten schillernden Blüten. In der protestantischen Mark ging es etwas weniger sinnenfreudig zu. Zwar bemühte man sich, besonders am Rheinsberger Hof, dem französischen Vorbild nahe zu kommen, aber der märkische Landadel lebte – von Ausnahmen abgesehen – anders. Sein von Sorge um die Landwirtschaft bestimmter Alltag entsprach mehr dem strengen bäuerlichen als dem leichtlebigen höfischen Lebensstil. Prediger Vollmer folgte in der sachlichen, praktischen Denkart seinem Patron, übertraf diesen aber vielleicht noch in der Strenge der Urteile. So bemängelte er, wenn er vor dem alten, um 1700 geschaffenen, Kirchenaltar stand, darin käme zu viel Sinnliches zum Ausdruck. Sein wirtschaftliches Interesse dominierte ganz entschieden vor der Anteilnahme an Verschönerungen im Gutshaus oder in den Gartenanlagen. Als er von neuen Bauwerken berichtete, die, im Unterschied zu so nützlichen wie Tagelöhnerwohnungen, lediglich dem Vergnügen dienten, erwartet der Leser, etwas über die damals beliebten Grotten, Tempel oder Teehäuschen zu hören und muß dann erstaunt zur Kenntnis nehmen, daß der Chronist ein Gewächshaus meinte, das frühes Obst und Küchenkräuter lieferte und eine Sonnenwand, vor der die Pfirsiche reiften.

Emotionen werden in Vollmers Niederschriften nur ausnahmsweise so deutlich wie in seinem Kommentar zu einem Besuch des russischen Großfürsten Paul Pawlowitsch im Jahre 1776. Er hielt sich in Berlin auf, um sich mit einer Württembergischen Prinzessin zu verloben. Ein Besuch in Rheinsberg, am Hof von Prinz Heinrich, führte den Großfürsten durch Schönfließ. Dort war ein Pferdewechsel vorgesehen. Was für ein Ereignis in so einem kleinen Dorf! Da wurden wochenlang umfangreiche Vorbereitungen getroffen. Eine Ehrenpforte, davor als Schweizer verkleidete Wachen, sollte die hohen Herrschaften würdig empfangen, die Dorfjugend übte Tänze ein, in einem eigens für die Gäste aufgebauten Zelt warteten Erfrischungen. Sie warteten vergebens. Der Großfürst hatte es eilig, verlor wenig Zeit und wenig Worte, schien die Schönfließer Gastfreundschaft übersehen zu haben. Das muß eine bittere Pille für den Prediger gewesen sein. Eine andere Erklärung läßt sich jedenfalls kaum für die bissige Bemerkung finden: Weit mehr Vergnügen als die Durchreise eines fremden Herren hätte die Verehelichung zweier Pannwitztöchter bereitet. Die eine dieser Töchter, Friederike Albertine, war Hofdame bei Königin Elisabeth Christine und heiratete Carl Christian Septimus von Veltheim. Die Verlobung fand im Berliner Schloß in Gegenwart der Königin statt. Der Name Veltheim spielt in der späteren Geschichte von Schönfließ, Stolpe und Glienicke eine Rolle.

Zwischen dem Gutsherren und dem Prediger bestand ein gutes Einvernehmen, was in den märkischen Dörfern nicht überall gegeben war. Altersmäßig können die beiden Männer nicht weit voneinander entfernt gewesen sein, und sie hatten gemeinsame

Interessen. Vollmer unterstützte Maßnahmen zur Verbesserung der Landwirtschaft nicht nur ideell, sondern auch praktisch. Er nahm eigenhändig Vermessungen von Grundstücken und Feldern vor. Der Tod von Friedrich Wilhelm von Pannwitz zu Beginn des Jahres 1790 hatte ihn tief getroffen. Er schildert das schwere Sterben an den Folgen eines Schlaganfalles in allen Einzelheiten. Man spürt die Anteilnahme und die Erschütterung. Der Bericht schließt mit den Worten, er habe nicht nur den Patron verloren, sondern auch einen Freund.[1]

An diesen Patron erinnert in der Schönfließer Kirche die 1785 errichtete Patronatsloge. Sie trug, wie bei einer kürzlich erfolgten Probefreilegung festgestellt wurde, einst eine schöne goldene Inschrift. Von den Kindern des verstorbenen Gutsherren lebten noch zwei Söhne und drei Töchter. Letztere wurden ausbezahlt, was nicht ganz ohne Streit um die Höhe der Summe abging.

Ein Testament war nicht mehr zustandegekommen. Nach einer Einigung wurde der Besitz von den Brüdern Wolf Otto und Albrecht Wilhelm gemeinsam bewirtschaftet. Da beide keine Nachkommen hatten, bestimmten sie ihre Neffen, Franz und Karl Achaz Freiherrren von Veltheim, die Söhne ihrer Schwester Friederike Albertine, zu Erben. Karl Achaz kaufte 1810 das gesamte Erbe und erhob es zum Fideikommis.

Schönfließ blieb bis 1945 im Besitz der Familie von Veltheim, ein altes, schon bei der Gründung des Braunschweiger Domes erwähntes Rittergeschlecht. Ein Rotgerus von Veltheim war Begleiter Heinrich des Löwen. Das Familienwappen ist an der Schönfließer Kirche zu sehen, am Giebel eines Anbaues, den Werner von Veltheim (1843–1919) ebenso wie den Kirchturm 1877/78 errichten ließ. Es ist ein Alliancewappen, das die Vereinigung der Familien von Veltheim und von Gadenstedt symbolisiert. Die Ehefrau des Gutsherren, Auguste, war die Tochter des Herzoglich braunschweigischen Hofstallmeisters Albrecht von Gadenstedt.

1 Die Schrift von Vollmer befindet sich im Besitz der Kirche in Stolpe

In den 70er Jahren wurde auch das usrprünglich einstöckige Gutshaus in jenen anspruchsvollen Herrensitz umgestaltet, der bis 1945 bestand. Er war im Geschmack der Gründerjahre erbaut, der dem Repräsentationsbedürfnis des schnell reich gewordenen Bürgertums entsprach und zum Zeitstil wurde. Man liebte Pracht und Fülle, und Architekten und bildende Künstler schufen mit dem Formenschatz vergangener Stilepochen üppige Dekorationen. Die Freude an Vielfalt, Fülle und Farbenpracht bestimmte auch die Gartengestaltung. In Schönfließ wurde der unter General von Pannwitz angelegte barocke Garten durch Werner von Veltheim 1875 in einen landschaftlichen umgewandelt.

Dem Park und dem Garten mit seinen 200jährigen Eschen, Linden und Platanen gehörte seine ganze Liebe, berichtete sein Sohn Burghard, der letzte Schönfließer Rittergutsbesitzer, selbst ein begeisterter Dendrologe. Burghard von Veltheim (1873–1951) übernahm Schönfließ, Stolpe und Glienicke erst nach dem Tod seines älteren Bruders im Jahre 1921. Einige Schönfließer erinnern sich noch an den freundlichen, hilfsbereiten alten Herrn, der so ganz ohne Standesdünkel auftrat und für einen kleinen Scherz stets zu haben war. Ein Foto zeigt eine schlanke auf den Spazierstock gestützte Gestalt, unter dem Strohhut ein fein gezeichnetes, viel Sensibiltät verratendes Gesicht.

So manches Gut erlebte in den Jahren der Weltwirtschaftskrise den völligen wirtschaftlichen Zusammenbruch. Schönfließ war ein seit fast zwei Jahrhunderten gut geführter landwirtschaftlicher Betrieb. Dieses gesunde Fundament trug dazu bei, daß es, von einigen Waldverkäufen abgesehen, unbeschadet über die schwierigen Jahre hinwegkam.

Neben dem Getreide-und Kartoffelanbau war die Milchwirtschaft eine wichtige Einnahmequelle. Bis zum Kriegsende standen zirka 70 Kühe im Abmelkstall. Über Jahrzehnte wurden die Frohnauer und die Hermsdorfer Schulen mit den in den Pausen verteilten kleinen Milch- und Kakaoflaschen beliefert. Ein Hermsdorfer Marktstand verkaufte Gemüse und Eier aus Schönfließ. Dort wurden zwei- bis dreitausend Hühner gehalten. Die von dem Urahnen Pannwitz so engagiert betriebene Brennerei produzierte noch bis 1945.

Gute Erträge ermöglichten auch einige technische Neuerungen. Dazu gehörte eine Dreschmaschine. Trecker ersetzten die Ochsen- und Pferdegespanne vor dem Pflug, und für die großen Flächen konnte ein moderner Dampfpflug angeschafft werden. Burghard von Veltheim hatte Elisabeth von Alvensleben, die Tochter des Preußischen Kammerherren, Albrecht Graf von Alvensleben auf Erxleben, geheiratet. Als dann auf dem Schönfließer Gut noch einmal Hochzeit gehalten wurde, die 1919 geborene Tochter Martha Helene (genannt Marleni) war die Braut, da war die Geschichte von dem adligen Gut Schönfließ schon fast zu Ende. Vor demselben Altar, vor dem am 23. Juni 1777 die Pannwitztochter Friederike Albertine und Karl Christian von Veltheim die Ringe tauschten, wurden am 15. November 1943 Marleni von Veltheim und der Oberstleutnant Eric von Witzleben getraut. Weitere Gemeinsamkeiten lassen sich zwischen der glänzenden Hochzeit der Urahnin in den Schönfließer Glanzzeiten und der Trauung im vorletzten Kriegsjahr, nach der Marleni wieder ihren Dienst als Schwesternhelferin beim Roten Kreuz aufnahm, und ihr Ehemann in sein Regiment zurückkehren mußte, schwerlich finden.

Zwischen Eric von Witzleben und dem Generalfeldmarschall Erwin von Witzleben gab es verwandtschaftliche und freundschaftliche Beziehungen. Ob letzterer seine Opposition gegen das Hitlerregime Eric offenbarte, ist nicht bekannt. Es wäre möglich, denn der Generalfeldmarschall nahm in befreundeten Offizierskreisen kein Blatt vor den Mund. Doch Eric von Witzleben ist bereits im März 1944 gefallen. Ein in Schönfließ verwahrter Koffer mit seinen Aufzeichnungen, die vielleicht Aufschluß gegeben hätten, ist, nachdem die Gestapo ihn bei einer Haussuchung nicht fand, 1945 in die Hände der Roten Armee gefallen und verschwunden. Zu der Hausdurchsuchung durch die Gestapo kam es im Zusammenhang mit der Verhaftung von Elisabeth von

Thadden (Trieglaff) (1891–1944). Elisabeth von Veltheim und Elisabeth von Thadden waren Großcousinen. In ihrer Kindheit und Jugend verbrachten sie viele schöne Ferientage zusammen auf Erxleben. Es blieb eine lebenslange herzliche Verbundenheit. Als Elisabeth von Thadden in den 20er und in den 40er Jahren in Berlin lebte, hielt sie sich häufig bei ihren Schönfließer Verwandten auf. Ihrem zweiten Berlinaufenthalt 1941 war eine politische Denunziation vorausgegangen, die zu ihrer Abberufung als Leiterin des von ihr gegründeten evangelischen Landeserziehungsheimes für Mädchen in Schloß Wieblingen bei Heidelberg führte. Elisabeth von Thadden widersetzte sich dem Nationalsozialismus aus der christlichen Verantwortung eines Mitgliedes der Bekennenden Kirche, in der ihr Bruder, Reinold von Thadden-Trieglaff, der spätere Kirchentagspräsident, eine führende Position einnahm. Auch Burghard von Veltheim war seit 1934 Mitglied der Bekennenden Kirche. In beiden Familien war der christliche Glaube tief verwurzelt.

Zu Elisabeth von Thaddens Freundeskreis gehörte der aus Hitlerdeutschland ausgewiesene, in der Schweiz lebende Pfarrer und Sozialpädagoge Friedrich Siegmund-Schulze. Sie verkehrte in Berlin in dem Hause der Witwe des Botschafters Solf, ein Sammelpunkt für viele, die sich durch Rang, Namen und oppositionelles Denken auszeichneten. Es bestanden Kontakte zu dem Kreis, der das Attentat auf Hitler vorbereitete. Dr. Otto Kiep, Referent für Außenpolitik im OKW, spielte in den Umsturzplänen eine Rolle. Er befand sich unter den Gästen, die Elisabeth von Thadden zu einer Teegesellschaft eingeladen hatte, die sie zum Geburtstag ihrer Schwester, Marie-Agnes Braune, geb. von Thadden, am 10. September 1943 gab. Man äußerte sich freimütig über die Notwendigkeit, die Regierung zu stürzen, um durch Verhandlungen mit den Engländern und den Amerikanern die Kriegskatastrophe zu beenden und über Möglichkeiten, das Nachkriegselend, besonders der Kinder, zu mildern. Elisabeth von Thadden hoffte dabei auf die Unterstützung von Siegmund-Schulze. Ein durch die Gestapo in die Gesellschaft eingeschleuster Spitzel, angeblich mit medizinischen

Forschungen in der Schweiz beauftragt, überredete Elisabeth von Thadden, ihm einige Zeilen für Siegmund Schulze mitzugeben. Sie gelangten zusammen mit dem Bericht über die Teegesellschaft zu der Akte Elisabeth von Thadden auf einen Schreibtisch der Gestapo. Die daraufhin angeordnete Telefonüberwachung der Teilnehmer an der Gesellschaft galt auch für Schönfließ, denn Marie-Agnes wohnte zu der Zeit bei den Veltheims. Elisabeth von Thadden wurde im französischen Meaux verhaftet, wo sie beim Roten Kreuz als Schwesternhelferin tätig war. In Schönfließ fand die schon genannte Haussuchung statt. Marie-Agnes, ebenfalls verhaftet, ist im März 1944 wieder freigelassen worden, Elisabeth wurde der Prozeß gemacht. Elisabeth von Veltheim hat sie im Gefängnis am Alexanderplatz besucht, und in der Woche vor der Gerichtsverhandlung beherbergte das Schönfließer Gutshaus die Geschwister Marie-Agnes und Reinold, der durch seine Tätigkeit in der Bekennenden Kirche – er war 1937 schon einmal verhaftet – sehr gefährdet war. Der Gerichtstermin war auf den 1. Juli festgesetzt.

Im Garten grünten die 200jährigen von Adolf von Pannwitz gesetzten Eschen, Linden und Platanen. Um die Pannwitznachkommen war es schlechter bestellt als um die Bäume. Marleni Rübcke, damals die junge Kriegswitwe von Witzleben, erinnert sich an Ratschläge, die Reinold den Frauen gab. Falls man sie abtransportieren würde, sollten sie nicht darum bitten, daß angehalten wird, und wenn es noch so nötig wäre. Die Wachleute schössen bei solchen Gelegenheiten in die Büsche, um dann zu behaupten, die Gefangene hätte versucht zu fliehen. Die Sorgen waren berechtigt. In Hitlerdeutschland bestand Sippenhaft. Außerdem genügte auch ein unbedachtes Wort. Das hatte Burghard von Veltheim schon einmal in Bedrängnis gebracht, sogar zu vorübergehender Inhaftierung geführt. Das war vor Beginn des zweiten Weltkrieges geschehen. Im vorletzten Kriegsjahr wurde jeder, auch der geringste laut gewordene Zweifel an Anordnungen der Führung grausam geahndet. So waren die Gespräche. Und immer wieder drängte sich die bange Frage nach dem Ausgang des Prozesses auf.

Der von Roland Freisler im Volksgerichtshof geführte Schauprozess raubte den Familien von Thadden und von Veltheim von Anbeginn alle Hoffnungen. Elisabeth von Thadden und Dr. Otto Kiep galten als Hauptangeklagte. Sie wurden wegen Wehrkraftzersetzung und versuchtem Hochverrat zum Tode verurteilt. Das Urteil ist an Elisabeth von Thadden am 8. September 1944 in Plötzensee vollstreckt worden.

Ein halbes Jahr später, als die Rote Armee die Oder überquert hatte, folgten die Veltheims nicht dem Zug vieler Gutsbesitzer nach Westen. Sie hätten ja nichts zu befürchten, dachten sie. Das stellte sich als Irrtum heraus. Burghard von Veltheim und seine Frau wurden verhaftet. Die Gründe sind der Familie bis heute nicht bekannt. Während er nach einigen Tagen wieder entlassen wurde, ist Elisabeth von Veltheim in das ehemalige KZ Sachsenhausen verbracht worden. Sie ist dort umgekommen. Das Gut wurde enteignet, das Gutshaus abgerissen, damit endete die Geschichte von dem adligen Gut Schönfließ.[2]

An dieser Stelle noch ein Nachtrag zur Familiengeschichte: Burghard und Elisabeth von Veltheim waren Urenkel der Lisette von Krosigk, geborene von Westphalen. Lisettes Schwester wurde Jenny genannt. Sie war mit Karl Marx verheiratet.

Übrigens, die 200jährigen Bäumen haben die folgenden Jahrzehnte nicht überstanden.

2 Die Angaben zur Geschichte der Familien von Veltheim und von Thadden-Trieglaff basieren zum Teil auf Schriftstücken, die sich im Besitz der Familie von Veltheim befinden und auf Gesprächen, die die Verfasserin in den Jahren 1994 und 1995 mit Marlene von Veltheim-Rübcke führte, der an dieser Stelle herzlich für ihre freundliche Unterstützung gedankt sei. Weitere Angaben wurden der Schrift von Irmgard von der Lühe »Elisabeth von Thadden. Ein Schicksal unserer Zeit« (Düsseldorf-Köln 1966) entnommen sowie der Schrift von Reinold von Thadden-Trieglaff » Auf verlorenem Posten? Ein Laie erlebt den evangelischen Kirchenkampf in Hitlerdeutschland« (Tübingen 1948).

EINIGE PRAKTISCHE HINWEISE FÜR REISENDE

Schönfließ an der B 96 a ist mit der S-Bahnlinie 10 oder von Glienicke aus mit dem Bus zu erreichen. Was vom »Adlichen Gute« noch zu sehen ist, ist leider nicht sehenswert.
Es bleibt ein Spaziergang am Dorfanger, ein Besuch der Kirche, danach vielleicht ein Gang durch den schönen Kindelwald nach Glienicke und ein gutes Essen im Hotel-Restaurant Waldschlößchen (Elsässer, Ecke Karl-Liebknechtstr.) Es ist für den kleinen wie für den größeren Geldbeutel geeignet, bietet deutsche Küche, besitzt einen Biergarten und offeriert diverse preisgünstige Pauschalangebote. Den Bildungshungrigen kann abschließend ein Besuch des Heimatmuseums im reizvollen Alt-Hermsdorf empfohlen werden (Öffnungszeiten Mittwoch bis Sonntag 10 bis 17 Uhr).

Wilhelm Lahn, Dorfschullehrer in Stolpe

Mit der Stolper Chronik hat Vollmer sich nur am Rande befaßt. Das Dorf ist 1355 erstmalig urkundlich genannt worden. Der Ortsname ist vermutlich slawischen Ursprungs, bedeutete demnach Säule, ein Zeichen slawischer Götterverehrung.

Die Keimzelle des Dorfes, das Rittergut, ist dreihundert Jahre lang der Stammsitz des Rittergeschlechtes Hoppenrade gewesen. Wie viele andere Dörfer in der Region erwarb der Große Kurfürst Stolpe 1654 für seine Gemahlin Luise Henriette von Oranien. Sie förderte die landwirtschaftliche Entwicklung dieser Dörfer. Nach ihrem Tod ging es durch mehrere Hände, bis Friedrich Wilhelm von Pannwitz es 1759 erwarb. Das Herrenhaus, der einstige Sommersitz der Familie Pannwitz, besteht noch. Etwas Phantasie ist aber notwendig, um in dem mausgrauen Kasten den gepflegten Barockbau wiederzuerkennen, von dem noch Fotos aus dem Jahrzehnt vor dem II. Weltkrieg existieren. Obwohl die Landwirtschaft heute in Stolpe kaum noch eine Rolle spielt, blieb der dörfliche Charakter bewahrt. Uralte Bäume säumen den Anger. Die vorwiegend einstöckigen Häuser sind im Kern vielfach sehr viel älter als die Fassaden. Nur wenige Autos rollen über die Dorfstraße, und ihr Pflaster bremst das Tempo. Es gibt noch eine Reihe schöner Bauernhöfe mit soliden, im vorigen Jahrhundert errichteten Backsteingebäuden, in der Hofmitte das Taubenhaus aus Backsteinen. Ein wirkliches Schmuckstück des Dorfes ist die im Mittelalter aus Granitquadern erbaute Kirche. Sie erhielt durch einen 1822 von Karl Achaz von

Veltheim veranlaßten markanten Turmneubau im Barockstil ihre besondere Gestalt. Diesem Turm gegenüber steht ein unscheinbares kleines Haus, dem man die ortsgeschichtliche Bedeutung nicht ansieht.

Es ist das ehemalige Stolper Schulhaus, in dem sich auch die Lehrerwohnung befand. Eine Tafel erinnert daran, daß hier der Lehrer, Kantor und Dichter Wilhelm Lahn von 1855 bis 1896 lebte und wirkte. Die Nachricht wird den Ausflüglern von heute, selbst den Lehrern darunter, kaum noch etwas sagen. Vor hundert Jahren war Wilhelm Lahn (1832–1907) kein unbekannter Mann. Er wirkte über sein Arbeitsfeld als Stolper Dorfschullehrer hinaus als Dichter und Schriftsteller und setzte sich in den damals gegründeten Lehrervereinen wie auch als Redakteur der Preußischen Schulzeitung für die Verbesserung der Ausbildung und der Lebens-und Arbeitsbedingungen der Volksschul- vor allem der Dorfschullehrer ein.

Als er seine Lebenserinnerungen schrieb (Noch einmal seh ich alles wieder. Erinnerungen eines Fünfundsiebzigjährigen. Potsdam 1906), konnte er auf fast ein halbes Jahrhundert Dorfschullehrerdasein in Stolpe zurücksehen. Köstlich zu lesen sind die Passagen, in denen er den Zustand der Stolper Schule bei seinem Amtsantritt und in den ersten Dienstjahren schildert.

Ein alter, kränklicher und mangelhaft ausgebildeter Lehrer unterrichtete 108 Kinder aller Altersstufen in einer Klasse. Wie dieser Unterricht vor sich ging, belegt das Protokoll einer Schulinspektion. Sie erfolgte durch den Superintendenten. Nachdem Schüler und Lehrer im Geografieunterricht bereits eine Kostprobe völliger Ahnungslosigkeit abgegeben hatten, überprüfte der Superintendent die Deutschkenntnisse. Auf die Frage des alten Lehrers nach den Fällen in der deutschen Sprache, reagierten die Kinder mit tiefem Schweigen. Der Lehrer füllte ihre Wissenslücken mit der Feststellung, man kenne zwei Fälle, den Gebe- und den Nehmefall. Er erläuterte: »Wenn ich sage, ich gebe Dir das Brot, das ist der Gebefall, und wenn ich sage, ich gebe Dich das Brot, das ist der Nehmefall.«[1]

Unterrichtsstunden solcher Art besaßen damals in märkischen Dorfschulen keinen Seltenheitswert. Der Bildungsstand auf dem Lande war sehr gering. Vielerorts versahen ausgediente Soldaten, ehemalige Handwerker oder auch der Küster das Amt des Dorfschullehrers. Es war ein Stand ohne Ansehen und so kärglich entlohnt, daß ein Nebenverdienst unentbehrlich wurde. Dafür boten sich meistens der Gartenbau und die Bienenzucht an.

Auch Lahn betätigte sich als Imker. Er gab 1888 sogar ein Lehrbuch zur Honigverwertung heraus. Es trägt einen sehr langen und vielversprechenden Untertitel. Danach enthält das Buch Anweisungen zur Herstellung alkoholischer Getränke und Limonaden, von Backwerken und Konfitüren und zum Gebrauch des Honigs in der Gesundheitspflege. Zuletzt wird noch ein Blick in die Geheimmittellehre versprochen. Lahn beruft sich mit dieser Schrift auf einen berühmten schlesischen Bienenzüchter, Pfarrer Dr. Johann Dzierzon aus Kattowitz, dessen Ratschläge für die Bienenzucht auch in polnischer Sprache erschienen sind.[2] Lehrer Lahn reichten die Gartenbau- und Bienenzuchtgewinne nicht aus, er verschaffte sich durch Beiträge für Zeitungen und Zeitschriften ein weiteres Zubrot. Er schrieb für die Gartenlaube, die Vossische Zeitung und viele andere Blätter. So bunt wie der Blätterwald war, der seine Artikel verbreitete, sahen auch die Themen aus, zu denen er sich äußerte. Von seinen Büchern sind neben den Lebenserinnerungen vor allem seine Sammlungen märkischer Sagen und Märchen von Interesse.[3]

Lahn ist ein vielseitig engagierter Herr gewesen, er war im Vorstand vom Pestalozzi-, vom Preußischen- und vom Deutschen Lehrerverein tätig. Man kann ihn wohl als eine sehr besondere und auch skurrile Persönlichkeit bezeichnen. Sein lebhaftes

1 Wilhelm Lahn, Noch einmal seh ich alles wieder. Erinnerungen eines Fünfundsiebzigjährigen. Potsdam 1906, S. 36
2 Wilhelm Lahn, Lehre zur Honigverwertung... Oranienburg 1888
3 Wilhelm Lahn und August Engelin, Der Volksmund in der Mark Brandenburg. Berlin 1868

Temperament bewirkte vielfach einen Widerspruch zwischen seinen theoretischen Überlegungen und seiner pädagogischen Praxis. Theoretisch folgte er den Spuren der großen Schulreformer Johann Heinrich Pestalozzi und Adolf Diesterweg. Er versicherte, er sei niemals ein Prügelpädagoge gewesen. Tatsächlich saß ihm die Hand aber wohl doch ziemlich locker. Das bekamen nicht nur die unbotmäßigen Knaben zu spüren, sondern auch eine Mutter. Als sie ihm mit ihren Klagen darüber, daß er ihren Sohn gezüchtigt hätte, auf die Nerven ging, riß ihm der Geduldsfaden: »Verfluchtes Weib, wollen Sie machen, daß Sie hinauskommen... in der Küche gab ich ihr dann in meiner Erregung eine Ohrfeige und stieß sie zur Tür hinaus.« Beim Pfarrer, bei dem sie danach Beschwerde führte, soll ihr dann noch eine verabreicht worden sein. Sie kam zu dem Schluß: »Det sind jo ganz verfluchte Keerls, bie eenen kriegt man Prügel un bien ennern ok.« Wilhelm Lahn kam zu einem anderen Schluß: Alle streitbaren Frauen hätten aus diesen Erfahrungen eine Lehre gezogen und ihn künftig in Ruhe gelassen.[4]

Über die Stolper Gutsherrschaft finden sich in seinen Lebenserinnerungen nur wenige Bemerkungen. Er hat Karl Achaz von Veltheim noch gekannt und bezeichnet ihn als einen Edelmann im wahrsten Sinne des Wortes, er habe den Bauern viele Vorteile gewährt und sich um die Gutsarbeiter wie ein Vater gekümmert. Nach seinem Tode ist Stolpe nicht mehr von Schönfließ aus, sondern durch einen Pächter bewirtschaftet worden, wodurch nach Lahns Meinung das schöne patriarchalische Verhältnis verlorenging.

Das kleine Dorf war durch den Bau der Berliner Mauer ganz ins Abseits geraten. Über Jahrzehnte blieb es von Berliner Stadterweiterungen ebenso unberührt wie vom Ausflugsverkehr. Nach dem Fall der Mauer gewann es als Ausflugsort Bedeutung. Insbesondere Einwohner aus dem nahe gelegenen Frohnau spazieren wieder gerne

4 Wilhelm Lahn, Noch einmal seh ich alles wieder. A.a.O. S. 68

über die Felder nach Stolpe. Beide Orte sind ja geschichtlich eng miteinander verbunden. Im Jahre 1907 verkaufte Werner von Veltheim 300 Morgen Stolper Heide an die von dem schlesischen Gruben- und Grundbesitzer Guido Graf Henkel Fürst von Donnersmark gegründete Berliner Terrain-Zentrale. Auf diesem Grund und Boden entstand die Gartenstadt Frohnau. 1937 hat Burghard von Veltheim das bis dahin an seinen jüngeren Bruder verpachtete Rittergut Stolpe an die Stadt Berlin veräußert. Es wurde als Stadtgut weitergeführt. In der DDR erfolgte die Umwandlung in ein volkseigenes Gut. Nach der Wende hat die Hauptstadt es zurückbekommen.

EINIGE PRAKTISCHE HINWEISE FÜR REISENDE
STOLPE

Wer von Schönfließ aus weiterfährt nach Stolpe kann im »Dorfkrug« oder in der »Krummen Linde« einkehren, gemütliche Dorfgasthäuser, die mit guter märkischer Küche und moderaten Preisen eine gewisse Berühmtheit erlangten. Jedenfalls fährt man aus der näheren Umgebung sonntags gerne mal nach Stolpe zum Mittagessen. Für Freunde des Golfsports ist das Dorf auch attraktiv geworden. Der kürzeste Weg von Schönfließ nach Stolpe führt über Hohen-Neuendorf. Es besteht auch eine Busverbindung.
Ein Besuch in der Dorfkirche ist besonders lohnend unter der kundigen Führung durch die Pastorin.
Übrigens, wie zu Fontanes Zeiten erhält der historisch Interessierte in der Regel in den Pfarrämtern Auskünfte zur Ortsgeschichte oder zumindest einen Hinweis auf Einwohner, die sich damit beschäftigt haben. In den kleinen Dörfern, wo jeder jeden kennt, bekommt man ihn oft schon an Plätzen, wo mehrere Einwohner beieinander sind wie im Dorfkrug, im Bäckerladen oder auf dem Friedhof. Ein Beispiel: Ich saß malend vor der Teschendorfer Kirche und fragte eine Friedhofsgängerin, ob sie jemand kennt, der über die Ortsgeschichte Bescheid weiß. Wenig später saß ich bei Bauer Lemke in der Stube und blätterte in der umfangreichen, von seinem Vater handgeschriebenen, Ortschronik. Man erfährt viel Freundlichkeit in märkischen Dörfern.

Glienicke und die Sage von der Kindelwaldhexe

Glienicke, das dritte der ehemals Pannwitzschen, später Veltheimschen Güter galt zwar als eigenes Rittergut, besaß aber kein Herrenhaus und ist schon im Mittelalter von Stolpe aus bewirtschaftet worden. 1412 befand das Dorf Glyneck sich im Besitz der Familie Hoppenrade. Der Ortsname ist wie Stolpe slawischen Ursprungs. Glin bedeutet Lehm. Lehmhaltigen Boden, Sumpf und Sand, diese in der Mark weit verbreitete Mischung fand Pannwitz vor, als er der Familie von Platen 1759 mit Stolpe zusammen die Glienicker Besitzungen abkaufte. Sie bestanden nur aus Holzungen und Wiesen und sind in den 20er Jahren unseres Jahrhunderts nach und nach verkauft worden. Die Nähe Berlins und die unmittelbare Nachbarschaft zu den Berliner Villenvororten Frohnau und Hermsdorf bewirkten, daß aus dem Bauerndorf Glienicke dem Charakter nach ebenfalls ein Berliner Villenvorort wurde. Diesem Charakter mußte auch nach dem Berliner Mauerbau Rechnung getragen werden. Obwohl aus Glienicke genauso wie aus Stolpe über Nacht ein Ort jenseits der Mauer, getrennt von der natürlichen, über Jahrhunderte gewachsenen Frohnauer und Hermsdorfer Nachbarschaft und ohne Bahnanschluß geworden war, verlief die Entwicklung hier anders als in Stolpe. Es mußte, um Glienicke überhaupt am Leben zu erhalten, ein gewisser Ersatz geschaffen werden, das geschah durch eine stärkere Verkehrsanbindung – die Straße über Schildow nach Pankow und sehr begrenzt auch mit einer weiteren Besiedlung. Glienicke ist durch den herrlichen Kindelwald mit seinen Hügeln, in den die Häuser hineingebaut wurden, ein besonders schöner Wohnort. Das restliche Waldgebiet blieb ein Anziehungspunkt für viele Spaziergänger. Sein eigenartiger Name soll auf ein Ereignis im 30jährigen Krieg zurückgehen. Es heißt, er hätte ihn zur Erinnerung an ein Kind erhalten, das in den Kriegswirren allein im Dorf Lübars zurückblieb und der Wut der Landsknechte zum Opfer fiel, alle anderen Dorfbewohner waren in den Wald geflohen. Früher erstreckte sich der Kindelwald mit seinen Wiesen und Auen und geheimnisvoll dunklen Partien über ein großes Gebiet.

Es war ein richtiger Märchenwald, der ideale Schauplatz für den Auftritt einer Hexe, von der die Sage berichtet: Ihre halbzerfallene Hütte stand im schier undurchdringlichen finsteren Waldesdickicht. Sie ging dem üblichen Hexengeschäft nach, entfachte Feuersbrünste, verhexte das Vieh in den Ställen und arbeitete Hand in Hand mit Gevatter Tod, der ihr nichts anhaben konnte. Sie galt als unsterblich. An einem Weihnachtsabend, als sie durch den Wald geisterte, begegnete ihr ein junges hübsches aber todtrauriges Mädchen, das sich zum Sterben in den Schnee ausgetreckt hatte. Meist steckt ja eine unglückliche Liebe dahinter, wenn die Jugend auf solche Gedanken kommt. Doch diese Maid grämte sich wegen ihres trunksüchtigen Vaters, der die Familie an den Bettelstab gebracht hatte. Als die Hexe dies erfuhr, bedauerte sie das Mädchen, woraus ersichtlich ist, daß sie keinen durch und durch schlechten Charakter besaß. In diesem Märchen läuft alles ein wenig anders als gewöhnlich. Jedenfalls nahm die Hexe die Unglückliche mit in ihre Hütte. Dort offenbarte sie die Umstände, welche sie in die Hexenlaufbahn getrieben hatten. Einst war sie ein schönes reiches Schloßfräulein. Das beging den Fehler, sich anstatt in einen ebenbürtigen Herren in einen strammen Glienicker Bauernburschen zu verlieben. Er war jedoch schon mit einer Braut versorgt und wollte von der jungen Dame nichts wissen. Das paßte ihr absolut nicht. Mit ein bißchen Gift schaffte sie die lästige Braut aus dem Wege. Den Bauernburschen bekam sie trotzdem nicht und auch keinen anderen Mann, denn als Strafe für den Giftmord wurde sie in die häßliche alte Hexe verwandelt. Doch ein einziges Mittel sollte es geben, sie von dem elenden Hexendasein zu erlösen, das Mitleid eines jungen schönen Bauernmädchens. Die junge Zuhörerin bemitleidete die alte Sünderin von Herzen, wodurch das Entzauberungskunststück gelang. Die ehemalige Hexe bedankte sich mit einer silbernen Blume, die mit Diamanten und Edelsteinen besetzt war, ein ziemliches Wertstück, das, an die Spandauer Klosterfrauen verkauft, so viel einbrachte, daß die Familie des Mädchens davon eine Bauernwirtschaft erwarb. Der Vater wurde ein ordentlicher Mann, die Tochter dachte nicht mehr ans Sterben, und im Kindelwald ward keine Hexe mehr gesehen. Das Kleinod ist während des 30jährigen Krieges leider die Beute von Landsknechten geworden und ward auch nicht mehr gesehen.

Ein hübsches dörfliches Ansehen behielt in Glienicke die Bebauung rund um den großen tiefliegenden Dorfteich herum. Dazu gehört eine schlichte Backsteinhallenkirche, die Achaz von Veltheim 1864 anstelle einer kleinen Fachwerkkirche errichten ließ.

EINIGE PRAKTISCHE HINWEISE FÜR REISENDE

GLIENICKE

Die Glienicker Hauptstraße verbindet die B 96 mit der B 96a zwischen Hermsdorf und Schildow. Glienicke ist durch einen regelmäßigen Busverkehr der BVG zwischen dem Pankower U-Bahnhof Vinetastraße und dem S-Bahnhof Hermsdorf bequem zu erreichen. Von der Karl-Liebknechtstraße aus, nicht weit vom Restaurant »Waldschlößchen« entfernt, führt ein Wiesen- und Waldwanderweg nach Schönfließ.

Mit der Heidekrautbahn in die Sommerfrische

ZÜHLSDORF–WENSICKENDORF–LIEBENWALDE – WANDLITZ – AUSFLUG IN DIE SCHORFHEIDE

Zühlsdorf

Der Begriff Sommerfrische, für den ländlichen Aufenthalt im Sommer, wurde in Deutschland im 19. Jahrhundert gebräuchlich. Bis dahin blieben solche Vergnügungen, von Ausnahmen abgesehen, dem Königtum und dem Adel vorbehalten. Von dem hohen Rang, den ihre Sommerfrischen im 18. Jahrhundert erhielten, zeugen so berühmte stadtnahe Sommersitze wie das Potsdamer Schloß Sanssouci oder Peterhof und Zarskoje Selo bei St. Petersburg, aber auch bescheidenere Bauwerke in der Art von Schloß Tiefurt, Sommersitz der Herzogin Anna Amalia von Sachsen-Weimar. Nur einzelne, sehr begüterte Bürger konnten sich damals neben ihrem Stadt- ein Landhaus leisten. Das änderte sich mit der Emanzipation des Bürgertums im 19. Jahrhundert. Durch das bürgerliche Bildungsstreben, seine wachsende Wirtschaftskraft und den Beginn des Eisenbahnverkehrs gewannen Erholungs- und Bildungsreisen einen zuvor nicht gekannten Stellenwert. Dafür sprechen die vielen, seit dem dritten Jahrzehnt des Jahrhunderts gedruckten Reiseführer. Karl Baedeckers, seit 1827 herausgegebene, Reisehandbücher gehörten bald zu jedermanns Reisegepäck. Im Berliner Umland entstand die großstadtnahe Sommerfrische für breitere Bevölkerungskreise nach dem Ausbau der Eisenbahnstrecken. Aus vielen abgelegenen, zum Teil ärmlichen Bauerndörfern wurden gut besuchte Ausflugsorte und begehrte Sommerfrischen. Villen und Wochenendhäuser schossen wie die Pilze aus dem Boden, Pensionen wurden eröffnet, die auch dem Mittelstand einen Urlaub auf dem Lande ermöglichten. Das Bedürfnis nach solcher Erholung verstärkte sich parallel zum Wachstum der Großstädte. In Berlin wurde es in vielen Stadtgebieten sehr eng, die Ausbreitung der Industrie und ungenügende Kanalisation bewirkten eine Verschlechterung der Luft, und das städtische Leben wurde hektisch. Theodor Fontane klagte darüber in vielen Briefen. Um in gesunder Luft und Ruhe arbeiten zu können, hatte er sich mehrfach in die stadtnahen Sommerfrischen Hankels Ablage am Zeuthener See und Seebad Rüdersdorf zurückgezogen. Viele Familien nutzten solche ländlichen Oasen auch in Zeiten, in denen der Hausherr dienstlichen Verpflichtungen in der Stadt nachkam. Durch die bequeme Fahrverbindung konnte er dann die Wochenenden gemeinsam mit seinen Angehörigen auf dem Lande verbringen. Und für manchen, der sich Reisen in weiter entfernte Ferienorte finanziell nicht leisten konnte, bot sich mit der Erschließung großstadtnaher Dörfer als Urlaubsorte doch die Möglichkeit einer Sommerfrische. Das nördliche Berliner Umland wurde durch Verzögerungen im Eisenbahnbau etwas verspätet als Ausflugs- und Urlaubsgegend erschlossen. Erst 1895 kam der Gedanke auf, eine Bahnlinie zwischen Berlin und Liebenwalde zu bauen. Drei Jahre später entschied sich der Niederbarnimer Kreistag für eine Nebeneisenbahn von Reinickendorf nach Basdorf mit einem weiterführenden westlichen Schienenstrang nach Liebenwalde und einem östlichen bis nach Groß-Schönebeck. Im Frühjahr des Jahres 1900 wurde die Reinickendorf–Liebenwalde–Groß-Schönebecker-Eisenbahn AG gegründet. Im Mai des folgenden Jahres konnte die Strecke in Betrieb genommen werden. Sie führte vom Bahnhof Reinickendorf (später Wilhelmsruh) aus über die heute nicht mehr betriebenen Stationen Rosenthal, Blankenfelde, Schildow, Schildow-Mönchmühle, Mühlenbeck und Schönwalde bis Basdorf, die weiterführenden Strecken nach Liebenwalde und nach Groß-Schönebeck werden noch immer befahren. Abgesehen vom Personenverkehr war diese Bahn auch für den Gütertransport, insbesondere für das Holz aus den Sägewerken der Region von Bedeutung. Von 1925 bis 1926 transportierte sie 416.893 Tonnen Güter, insbesondere Bau- und Brennholz, Eisenbahnschwellen, Mauersteine und landwirtschaftliche Produkte. Der Volksmund gab dieser Bahn den Namen »Heidekrautbahn«. Obwohl die Lokomotive durch einen Triebwagen ersetzt und die Streckenführung verändert wurde, ist der Name immer noch zutreffend, denn die Fahrten nach Liebenwalde und Großschönebeck gehen quer durch die Heide und durch weites Wiesenland. An den Wegrändern blüht im Spätsommer das Erikakraut, Erlen und Birken spiegeln sich in morastigen Tümpeln, und ausgedehnte Kiefernwälder öffnen sich für Wiesen, Felder und Seen. Über die Baumwipfel ragen die Türme der Dorfkirchen, breite aus Feldsteinen gemauerte, spitze gotische, gerundete Barockhauben. Solch eine Fahrt mit dem gemütlich zuckelnden Triebwagen hat durchaus ihre Reize.

Die erste Station hinter der Basdorfer Abzweigung nach Liebenwalde heißt Zühlsdorf. Das hübsche Dorf ist von der Bahnstation aus nicht zu sehen. Im vorigen Jahrhundert war es noch eines der allerärmsten. »Willst Du dich in Zühlsdorf nähren / Mußt Du suchen Preißelbeeren / Wenn Du diese nicht kannst finden / Mußt Du lernen Besen binden«. Der Spottvers galt den Büdnern, den Land- und Forstarbeitern, die Mehrzahl der Dorfbewohner. Für ein paar Groschen verkauften sie Besen, Pilze und Beeren auf dem Pankower Markt und mußten den 20 Kilometer weiten Weg zu Fuß gehen. Bestenfalls zog ein Hundegespann ihren mit Waren beladenen Wagen. Auch der Dorfschmied Dittmann war mit solch einem Wägelchen unterwegs. Er hatte Sensen und Gabeln für den Verkauf hergestellt. Seit dem 18. Jahrhundert waren die Dittmanns als Dorfschmiede in Zühlsdorf ansässig. Horst Dittmann erinnert sich, wie sein Vater, der noch das Schmiedehandwerk ausübte, die Eisenreifen auf die hölzernen Räder der Fuhrwerke aufzog. Die ehemalige Schmiede, ein kleines gelbes Backsteinhaus, steht noch an der Mühlenstraße. Auf dem Vorplatz lagerte stets ein großer Haufen Strauchwerk, Heizmaterial für die Schmiede und für den daneben stehenden Backofen, zu dem die Dörfler ihr Brot brachten. Der Dorfziehbrunnen befand sich ebenfalls auf dem Gelände der Schmiede, so daß es dort oft recht lebhaft zuging, besonders, wenn die Rinder- und Schafherden vom nahe gelegenen Hirtenhof zu den Weideplätzen im Wald getrieben wurden.

Das Dorf bestand schon im Mittelalter. Die genaue Zeit der Gründung ist nicht bekannt. Nach dem Landbuch Kaiser Karls IV. ist Czulstorff 1335 dem Ritter Beteke von Wiltperg und seinen Söhnen verschrieben worden. Als Götz Setzel 1412 das Dorf erwarb, waren von seinen 42 Hufen nur etwa die Hälfte besetzt. Der Landreiter Ulrich Gärtner, der im kurfürstlichen Auftrag ein Verzeichnis der Bauern und Kossäten im Niederbarnim anfertigte, um für das Kriegshandwerk geeignete Männer zu finden, hat in Zylstorrf 1624 nur vier Bauern vorgefunden. Dieselbe Zahl ist für das Jahr 1652 überliefert, als Luise Henriette von Oranien Zühlsdorf wie viele andere durch den 30jährigen Krieg mehr oder minder verödete Dörfer im Oranienburger Umkreis kaufte und sie dem Oranienburger Amt unterstellte. Im Jahre 1871 wohnten in Zühlsdorf 267 Menschen. Bis 1938 stieg die Einwohnerzahl auf 1.165. Der Bahnanschluß nach Berlin hatte aus Zühlsdorf sehr rasch ein beliebtes Ausflugsziel und eine Sommerfrische gemacht. Das Gaststättengewerbe blühte auf, an den Heidekrug, Zühlsdorfs ältestes Gasthaus, wurde ein großer Tanzsaal angebaut, die Zimmervermietung an Sommergäste bot neue Verdienstmöglichkeiten, Wochenendhäuser wurden gebaut, an der Zühlsdorfer Wassermühle und am Lubowsee entstanden Siedlungen. Das Handwerk profitierte ebenso wie die Landwirtschaft von dieser Entwicklung. Auch eine neue Kirche konnte 1913 eingeweiht werden. Die kleine Fachwerkkirche, 1668 anstelle eines im 30jährigen

Krieg abgebrannten Gotteshauses errichtet, war baufällig geworden. Besonders die Nordberliner entdeckten den Zauber des Dörfchens und seiner Umgebung. Noch immer lockt der nahe Rahmersee mit seinem Badestrand. Die Angler zieht es an den durchschnittlich nur einen Meter tiefen morastigen, von Schwappmoor umgebenen Lubowsee. Die Pilzsammler kommen in den Kiefernwäldern auf ihre Kosten. Besonders prächtige Laubbäume stehen mitten im Dorf. Vor dem Heidekrug ist eine zirka 130 Jahre alte Linde zu bewundern. Und wer beim Lindenwirt im Garten sitzt, genießt an heißen Sommertagen sowohl die schattige Kühle unter den mächtigen Bäumen als auch den schönen Ausblick über vom Wald begrenztes Acker- und Wiesenland.

Noch vor wenigen Jahren war in diesem Wald häufig das Rattern des Sägewerkes der Zühlsdorfer Wassermühle zu hören. Durch billiges Importholz ist die Arbeit des Sägemüllers jetzt kaum noch gefragt. Am Standort der Sägemühle, dem oberen Briesetal, wurde schon 1375 eine Mehlmahlmühle betrieben. Aus dieser Zeit existieren noch die Kellergewölbe unter dem im vorigen Jahrhundert errichteten Wohnhaus. Eine 1714 erbaute Scheune steht noch, wenn auch stark beschädigt. Aus demselben Jahrhundert stammt der Holzschuppen, in dem sich das Sägewerk befindet. Der damalige Mühlenbesitzer, August Ladeburg, errichtete ihn im Jahre 1768, nachdem er von der Obrigkeit die Erlaubnis erhalten hatte, neben der Mahlmühle eine Schneidemühle zu betreiben. Der letzte Mühlenbesitzer aus dem Geschlecht der Ladeburgs bot um die Mitte des vorigen Jahrhunderts ein echtes Kriminalstück. Romantisch-gruslige Sagen haben sich dadurch vielleicht erübrigt, sie sind aus der Geschichte dieser Mühle jedenfalls nicht bekannt. Das schwer kontrollierbare Gewerbe des Müllers brachte es mit sich, daß so manch einer, zu Recht oder zu Unrecht, in dem Ruf stand, seine Mahlkunden über den Tisch zu ziehen. Ein altes Mühlenlied erzählt davon: »Hattatten, hattatten / vom Schäpel drei Matten / vom Wispel drei Schäpel / der Möller is en Dief!« Nur ein Drittel der Menge stand ihm zu. Dieser Weg zu Geld zu kommen, dauerte Karl Friedrich Heinrich Ladeburg offenbar zu lange, er wählte den kürzesten, indem er es selbst herstellte. Bald rollten die falschen Zweitalerstücke, und der Müller ließ sich's wohlergehen, bis er sich eines Tages beim Einkauf verplauderte, und die ahnungslose Geschäftsfrau derweil die falschen Geldstücke gedankenlos zwischen den Fingern rieb. Als sie sah, daß ihre Hand sich dunkel färbte, blieb sie nicht länger ahnungslos. Die Technik des Geldfälschens hatte eben schon immer ihre Schwachstellen. Der Übeltäter geriet in Panik, versuchte Falschgeld und Gußformen beiseite zu schaffen und machte sich aus dem Staub. Doch der Arm des Gesetzes holte ihn ein und lieferte ihn im Gefängnis ab. Dort erhängte er sich. Einen Teil des Falschgeldes fand man 1904 beim Räumen des verschlammten Mühlteiches.[1]

Seit 1861 besitzt Familie Evers die Zühlsdorfer Mühle. Die Mahlmühle wurde 1900 aufgegeben. Das Wasserrad der Schneidemühle ist 1935 durch eine Wasserturbine ersetzt worden. Zuletzt ist das Sägegatter nur noch elektrisch betrieben worden. Der mit Hilfe der Turbine in einem Generator erzeugte Strom wurde in das Netz eingespeichert.

Die Zühlsdorfer Sägemühle ist, obwohl der Verfall fortschreitet, noch immer ein malerisches Anwesen. Allerlei selten gewordenes Getier findet sich am Mühlteich. Der stahlblaue Eisvogel fliegt drüber hin, in der urwaldartig dicht bewachsenen Uferzone lebt der Fischreiher.

Wensickendorf

Eine kurze Wegstrecke hinter der Zühlsdorfer Sägemühle beginnt ein ausgesprochen lieblicher, an Mittelgebirgslandschaften erinnernder Abschnitt des Briesetals, das vielfach als schönstes Wandergebiet im nördlichen Berliner Umland gepriesen wird. Hier schlängelt sich das Flüßchen Briese durch einen weiten von bewaldeten Hügeln

1 Wilhelm Wolff-Wensickendorf, Was uns eine alte Mühle erzählt. In: Heimat und Welt. 64/1929

begrenzten Wiesengrund. Die Briese, ein eiszeitliches Relikt, der Rest einer unter dem Eis sich hinziehenden Schmelzwasserrinne, entspringt im Wandlitzsee, durchfließt den Rahmer- und den Lubowsee und noch drei weitere kleine Seen in Birkenwerder, ehe sie dort in die Havel mündet. Es ist ein eiliges Flüßchen, denn es hat auf seinem kurzen Weg von 16 Kilometern ein Gefälle von 18 Metern zu bewältigen. Der Name, auf das slawische Wort bereza (Birke) zurückgehend, weist auf früher wohl noch dichtere Birkenbestände an seinen Ufern.

Auf einer Anhöhe am Rande des Wiesengrundes steht die in Reiseführern zu Recht als idyllischer Ort bezeichnete alte Wensickendorfer Försterei. Das vor hundert Jahren erbaute Forsthaus diente bis 1982 noch seinem ursprünglichen Zweck. Dann etablierte sich das Militär im angrenzenden Waldgebiet. Warnschilder am Forstweg erinnern daran, daß sich bis zur Wende hier ein Armeegelände mit Schießplatz befand. Das Forsthaus wurde damals verkauft, eine Familie erwarb es als Wohnsitz, dadurch blieb es erhalten.

Ein kleiner Ausschank, wie er dort schon zu Urgroßmutters Zeiten bestand, ist inzwischen wieder eröffnet worden. Die Ausstattung ist denkbar einfach, wird aber von Wanderern und Radlern gern angenommen. An sommerlich warmen Wochenenden und Festtagen sind die im Wald aufgestellten langen Holztische voll besetzt. Es werden handfeste Schmalz- und Leberwurstbrote, hausgebackener Kuchen und andere Hausmannskost gereicht. Der Wirt schenkt Kaffee und Tee aus mächtigen Kannen ein, und das Gespräch kommt, auch unter Fremden, leichter und unbeschwerter in Gang, als dies in Restaurants hierzulande meist üblich ist.

Wensickendorf ist nur eine Bahnstation von Zühlsdorf entfernt. Wer mit der Heidekrautbahn fährt, sieht den breiten Turm der im Mittelalter auf dem Dorfanger aus Feldsteinen errichteten Wensickendorfer Kirche schon von weit her. Ein Kleinod besonderer Art ist ihr hölzerner Kanzelaltar aus dem 17./18. Jahrhundert. Die ursprünglich freistehende, 1691 geschaffene Kanzel wurde später mit dem Altar aus dem

18. Jahrhundert zu einer eindrucksvollen, durch die angefügte Sakristei noch erweiterten, Anlage verbunden. Sie ist mit Knorpelwerk, gedrehten Säulchen und Reliefs reich geschmückt.

Sagenumwoben, aber nicht zu besichtigen, sind einige Steine im ehemaligen Dorfkrug. Sie stecken irgendwo im Fundament des Gebäudes und sollen von einem seltsam geformten mächtigen Findlingsblock herstammen. Der Sage nach hinterließen die fünf Finger eines Riesen, der am Grabow- und am Wandlitzsee sein Unwesen trieb, ihren Abdruck auf dem Findlingsblock. Dazu kam es, weil der Riese ihn aufhob, nachdem sein Fuß dagegengestoßen war, und ihn über den Wandlitzsee schleuderte. Bei Stolzenhagen fiel er zu Boden und blieb liegen, bis man ihn im vorigen Jahrhundert sprengte.

Wensickendorf behielt seinen dörflichen Charakter, obwohl nach der Auflösung der LPG nur noch ein Bauer ausschließlich von der Landwirtschaft lebt. Zwei weitere betreiben sie nebenher. Früher gab es dort mehr als 30 Bauernhöfe. Das Dorf, in alten Schriften Wenczkendorff und Wensickendorp genannt, ist im Landbuch Kaiser Karls IV. nicht aufgeführt. Eine erste urkundliche Erwähnung aus dem Jahre 1350 weist auf den Grafen Ulrich von Lindow als Lehnsherren. Sein Bruder und Nachfolger trennte sich von dem Dorf. Gericke von Holtzendorf besaß es drei Jahrzehnte, ehe es 1450 von der Familie von Arnim aus Biesenthal erworben wurde. Es blieb über hundert Jahre lang Arnimscher, dem Amt Biesenthal unterstellter Besitz. 1572 kaufte der Große Kurfürst Wensickendorf. Ab 1651 gehörte das zu der Zeit mit zwölf Bauern und einem Kossäten besetzte Dorf zum Oranienburger Amt. Diese Regelung endete erst mit der Agrarreform im 19. Jahrhundert, die die Ablösung der Bauern von der Gutsuntertänigkeit einleitete.

Der Eisenbahnbau brachte den Ausflugsverkehr und den Bau von Wochenend- und Einfamilienhäusern auch nach Wensickendorf und in seine Umgebung. Ein bevorzugtes Gebiet lag am Rahmersee. Als »See Rademer« ist er schon in mittelalterlichen Schriften aufgeführt. Das Wasser dieses 29 Hektar großen und bis zu 7 Meter tiefen Sees gilt noch heute als bemerkenswert rein.

In der ersten Hälfte unseres Jahrhunderts kauften verschiedene bekannte Künstler Grundstücke an der Wensickendorfer wie an der Zühlsdorfer Seeseite. Die Schauspieler Fritz Kampers, Eugen Klöpfer und Gustav Fröhlich und der Dramatiker Carl Zuckmayer gehörten dazu. Es entstand eine kleine Künstlerkolonie, die den zweiten Weltkrieg allerdings nicht überdauerte.

Liebenwalde

In der Stadt Liebenwalde hat der Bahnanschluß nach Berlin zu keiner mit Wandlitz vergleichbaren Entwicklung geführt. Auch der Ausbau der Schiffahrtswege mit dem Finow-, dem Malzer – und dem Voßkanal brachte nicht den großen Aufschwung. Den erfuhren die Zehdenicker Ziegeleien. Liebenwalde war nur eine Station auf dem Weg der mit Mauersteinen für Berlin beladenen Kähne. Gewiß, die wasserreiche Landschaft, geprägt durch die Havel, durch Kanäle und eine Seenkette, den Bewerinsee, den Mühlensee mit seinem Badestrand praktisch mitten in der Stadt und dem Wutzsee, machte auch Liebenwalde zu einem beliebten Ausflugsort, und an der Peripherie entstanden Villen und Wochenendhäuser. Aber das Bild des typisch märkischen ehemaligen Ackerbürgerstädtchens hat sich in den letzten 150 Jahren trotzdem nicht viel verändert.

Es kam zu keiner bedeutenden Industrieansiedelung, bedingt wohl auch dadurch, daß hier die Endstation einer Nebenstrecke erreicht wurde. Die gründerzeitliche Bautätigkeit streifte die Stadt nur flüchtig. Das einzige bemerkenswerte Bauwerk aus dieser Epoche ist das 1879 erbaute Rathaus. Drum herum stehen bescheidene ein-und zweigeschossige, meist ältere Häuser; die märkischen Kleinstädte haben nie im Geld geschwommen. Die Bomben des II. Weltkrieges verschonten Liebenwalde, und in den 40 DDR-Jahren wurde es nicht für wichtig genug erachtet, um dort größere Neubaugebiete zu schaffen.

Die Geschichte der Stadt, die einst Levenwalde hieß, ist sehr viel älter als ihre Bauten. Sie entstand zu Beginn des 13. Jahrhunderts im Zusammenhang mit einer durch die askanischen Markgrafen zum Schutz des Barnim vor den Pommern und Mecklenburgern errichteten Grenzfeste. Eine auf einer slawischen Wallanlage erbaute Burg sicherte den Havelübergang und die Straße zur Uckermark. Reste einer alten Ringmauer und einige mittelalterliche Kellergewölbe unter jüngeren Bauten sind noch zu sehen. Die Burg ist 1244 erstmalig urkundlich erwähnt worden, hat aber sicher schon früher bestanden, denn die in ihrem Schutz gegründete Stadt Liebenwalde, eine der zahlreichen unter den askanischen Markgrafen Johann I. und Otto III. erfolgten Stadtgründungen, erhielt bereits 1232 Stadtrecht. Die askanischen Markgrafen haben sich häufig in der Burg aufgehalten, verwaltet wurde sie durch einen Vogt, später durch Amtshauptleute. Einer der Amtshauptleute, Ludolf von Bismarck (1513), war ein Vorfahre des Fürsten Otto von Bismarck. Ein anderer, Hans Heinrich von Katte (1728), war der Vater von Hermann von Katte, der auf Befehl von König Friedrich Wilhelm I. hingerichtete Freund des Kronprinzen Friedrich.

Nach dem Tod des letzten askanischen Markgrafen, Waldemar (1319), kam die Vogtei zunächst unter mecklenburgische Oberhoheit, ging dann durch viele Hände, erfuhr eine schier endlose Geschichte von Verpfändungen. Zu diesem Pfandgut gehörten nicht nur Äcker, Wiesen, Gehölze und diverse Dörfer, die Dienstleistungen und Zinseinnahmen erbrachten, sondern auch die mit dem Schicksal der Burg eng verknüpfte Stadt Liebenwalde. Erst im ausgehenden 15. Jahrhundert endeten die Pfandschaften. Seitdem wurden Burg und Stadt von landesherrlichen Beamten verwaltet. Der erste Amtshauptmann wurde 1491 von dem brandenburgischen Kurfürsten eingesetzt.

Das Schloß besaß eine denkbar einfache Einrichtung. Nach einem Inventar von 1521 bestand die Möblierung der drei fürstlichen Gemächer lediglich aus fünf Spannbetten, Tischen und Schemeln. Als Grenzfeste hatte die Burg ihre Bedeutung nach der Erweiterung des brandenburgischen Territoriums verloren. Im 16. Jahrhundert nutzten die Kurfürsten das Schloß noch während der Jagd. 1612 war es bereits soweit verfallen, daß eine größere Instandsetzung nötig gewesen wäre. Sie unterblieb aus Geldmangel. Die Geschichte der Stadt Liebenwalde war recht bewegt. Durch ihre Lage an der Havel und zwischen Sümpfen und Seen war sie den Naturgewalten gleichermaßen wie den Kriegsschrecken preisgegeben. Die Havel ist erst im 19. Jahrhundert reguliert worden. Bis dahin brachten Überschwemmungen die Liebenwalder häufig um Hab und Gut. Für die Kriegsheere war in dem unwegsamen Gelände der Weg mitten durch die Stadt der sicherste, und da sich hier die Verbindungsstraßen von Ost nach West und von Nord nach Süd kreuzten, frequentierten sie ihn mehrfach und bescherten der Stadt dabei u.a. einige zusätzliche Feuersbrünste. Sie brachen in den vornehmlich aus Lehm und Holz erbauten märkischen Städten ohnehin oft genug aus.

Von all diesen Plagen berichten im Liebenwalder Pfarrarchiv noch vorhandene alte Kirchenbücher. Darin sind neben kirchlichen Angelegenheiten und stadtgeschichtlichen Geschehnissen auch allerlei sonderbare Vorkommnisse ganz anderer Art verzeichnet.

In dem ältesten, 1677 angelegten Buch schreibt der Chronist im Jahre 1680, am Abendhimmel habe fast eine halbe Stunde ein Komet gestanden, furchtbar anzusehen in seiner Größe und mit einem ungewöhnlich hellen Feuer. Er erschreckte die Liebenwalder zutiefst. »Gott gib Glück zum neuen Jahr / für Krieg und Peste uns bewahr!« schrieb Pfarrer Güntschius ins Kirchenbuch.

Fast wäre es bei dem großen Brand von 1686 ein Raub der Flammen geworden. Es sei um die fünfte Stunde gewesen, daß er den Lichtschein sah, während er die Leichenrede am Grabe der Frau Kruse hielt, notierte der Pfarrer. Im Hause des Jacob Joseph sei Feuer ausgebrochen, das sich schnell ausbreitete. Es vernichtete fast die ganze Stadt mit Kirche, Schule und Pfarrhaus. 84 Häuser brannten nieder.

Nach solchen Erfahrungen besaßen die Liebenwalder für schlimme Nachrichten sicher geschärfte Ohren. Jedenfalls war ihr Pfarrer 1689 von einer gruseligen Kunde aus fernem Lande so beeindruckt, daß er sie im Kirchenbuch festhielt. In der Insel

China, heißt es – von der geographischen Lage hatte er etwas diffuse Vorstellungen –, sei ein Wunderfisch gefangen worden mit einem menschlichen Haupt, im Leibe ein Kreuz, ein Totenkopf und Schwerter.

Für ein gutes Omen nahm das gewiß keiner. Wer weiß, wieviel Liebenwalder höchst beunruhigte Blicke über den Mühlensee schickten, ob sich dort nicht auch so ein Ungeheuer regte. Da war es auf alle Fälle ratsam, gleich zu Beginn des neuen Jahres vorzubeugen: »Hilf Jesu, hilf zum neuen Jahr/ errette uns aus aller Gefahr«, schrieb ihr Hirte ins Kirchenbuch.[1]

Die damaligen Liebenwalder Kirchenbuchchronisten hielten es in mancher Hinsicht so ähnlich wie heutzutage die Journalisten, mit guten Nachrichten gingen sie sparsam um, mit den Katastrophenmeldungen verschwenderisch. Dafür war das 18. Jahrhundert, besonders die zweite Hälfte, geradezu eine Fundgrube. Nicht genug damit, daß im Jahre 1754 ein durch Blitzschlag verursachter Brand 77 mit Getreide und Heu gefüllte Scheunen vernichtete und vier Jahre später 28 Wohnhäuser niederbrannten, zogen 1760 auch noch die Kosacken plündernd durch die Stadt, ehe sie sie einäscherten. Ein Unglück jagte das andere. In den nächsten Jahren gingen den Liebenwaldern durch Viehseuchen 3.300 Rinder und 1.600 Schafe ein. Und als dann im Juni 1766 durch schwere Überschwemmungen auch noch die gesamte Heuernte davonschwamm, da war das Maß voll und die Zeit reif für den Auftritt eines Retters, eines Wundertäters. Er kam aus der Uckermark in Gestalt des Philipp Rosenfeld, ein wegen Dienstvergehen vom Markgrafen von Schwedt entlassener Förster. Aber wer fragte schon nach dem Vorleben, als dieser wunderbare Mann mit Rauschebart stimmgewaltig verkündete, ein von Gott berufener König zu sein, der der Menschheit im Jahre 1770 das tausendjährige Reich bringen würde, in dem jedermann herrlich und in Freuden leben und keiner

1 Aufzeichnungen aus dem Kirchenbuch vgl.: Paul Franke, Liebenwalder Kirchengeschichte. In: Jahrbuch für Berlin-Brandenburgische Kirchengeschichte (Prof. Delius) 46. Jahrg. 1971 S. 103 ff.

mehr wie ein Sklave schuften solle. Zu diesem Zweck wollte er Friedericus Rex das Schwert abfordern und das ganze Erdreich dann mit 24 Ältesten regieren. Die Geistlichkeit beschimpfte er als falsche Propheten. Er gründete selbst eine Gemeinde, die allerlei Zulauf bekam. Er war darin nicht ganz unerfahren, hatte zuvor in der Uckermark schon ziemlich viele Anhänger um sich geschart. Inwieweit seine Werbung für Vielweiberei dazu beitrug, ist nicht überliefert. Schließlich griffen die Behörden ein, Rosenfeld wurde in Biesenthal verhaftet und nach einem Gerichtsurteil, das ihn für geistig verwirrt erklärte, ins Spandauer Irrenhaus eingeliefert Nachdem er sich kurze Zeit auf freiem Fuß befand, wurde er erneut festgenommen. In feineren Schriften heißt es, er sei der Verführung junger Mädchen und Frauen angeklagt gewesen. Andere, weniger zurückhaltende Darstellungen sprechen von Vergewaltigungen, die ihm eine lebenslange Festungshaft in Spandau einbrachten. Dort endete sein Leben 1788.

Eine Reihe seiner Liebenwalder Fans hielten ihm über den Tod hinaus die Treue. Bis 1825 soll es noch Rosenfeld-Anhänger gegeben haben.

Übrigens, ganz anders als der Durchzug der Kosaken im Jahre 1760 verlief der Einzug des Kosakenheeres während der Befreiungskriege. Von Herzen froh, die napoleonischen Truppen, die auch keinen besseren Weg, als den mitten durch die Stadt gefunden hatten, endlich los zu sein, rüsteten die Liebenwalder Hausfrauen sich für einen würdigen Empfang der Verbündeten aus dem Osten. In großen Mengen wurde Sauerkraut mit Hering gekocht. Diese Zusammenstellung galt als die Lieblingsspeise der Kosaken. Ob sie dafür wirklich schwärmten, ist nicht verbürgt.

Kaum war das Städtchen ein wenig zur Ruhe gekommen, da brach ein neues Unglück herein. Ein Großfeuer vernichtete den Stadtkern im Jahre 1832 fast vollständig. Die heutige Bebauung geht im wesentlichen auf die Jahre nach diesem Brand zurück. Auch die Kirche brannte nieder. Der 1835 geweihte schlichte Kirchenbau mit seiner sparsam dekorierten klassizistischen Ausstattung ist nach Plänen von Karl Friedrich Schinkel errichtet worden.

In der Kugel des Turmkreuzes befinden sich zwei Urkunden. Die erste, 1832 verfaßte, preist Gott, der aus der Asche einen neuen heiligen Tempel emporsteigen ließ. Die zweite Urkunde kam anläßlich einer Restaurierung im Jahre 1982 hinein. Sie enthält den Hinweis auf den Kummer, der vielen Menschen durch die deutsche Teilung zugefügt wurde und die Bitte, daß es uns mit Gottes Hilfe gelingen möge, das Leid, das wir Menschen einander zufügen, zu lindern.

Von dem bescheidenen klassizistischen Zierrat an Wohnhäusern war bis zur Wende nicht mehr viel zu sehen, auch das Fachwerk, das die meisten Häuser schmückte, ist später großenteils überputzt worden. Jetzt wird in vielen Straßen gehämmert und geklopft, der Putz fällt, dem alten Fachwerk wird zu neuem Glanz verholfen, hoffentlich nicht so gründlich, daß man vor lauter Glanz nicht mehr erkennt, daß es alt ist.

Wandlitz

Der Bau der Heidekrautbahn hat das Leben in Wandlitz mehr als in allen anderen an der Strecke liegenden Dörfern verändert. Durch den ca. 250 Hektar großen und bis zu 24 Meter tiefen Wandlitzsee und den nahen, für sein frisches Wasser berühmten Liepnitzsee war Wandlitz für eine Entwicklung zum modernen Villen-, Kur- und Erholungsort besonders geeignet. Er entstand mit dem nach dem Eisenbahnbau am nördlichen und nordöstlichen Seeufer gegründeten neuen Ortsteil Wandlitzsee. Eine Postkarte aus dem Jahre 1910 zeigt die damals frisch angelegte Uferpromenade mit elegant gekleideten Spaziergängern. 1923 wurde das Strandbad eröffnet. An der gegenüberliegenden Straßenseite erbaute der dem Bauhaus verpflichtete Architekt, Wilhelm Wagner, ein repräsentatives Bahnhofsensemble. Vor dem Eisenbahnbau war der schon im 15. Jahrhundert bestehende Seekrug Haltestelle und Ausspann für die Postkutschen und Herberge für die Reisenden. Im Jahre 1402 soll sich der gefürchtete Raubritter Dietrich von Quitzow hier aufgehalten haben. Um den Bahnhof Wandlitzsee herum erhielt der Ort mit zahlreichen Gaststätten und Geschäften ein beinahe städtisches Ansehen. Die Straßen wurden gepflastert, auf den Bürgersteigen Baumreihen angepflanzt und Bänke aufgestellt. Elektrisches Licht erhellte abends die Fenster der Wohnhäuser. Am hellsten erstrahlten die großen Fenster der neuen Hotels, der Kaffeehäuser und Restaurants. Gaskocher erleichterten die Arbeit in ihren Küchen, in denen im Sommer Hochbetrieb herrschte.

Der alte Ortskern am südlichen Seeufer behielt seinen dörfliches Charakter. Da sorgte die Berliner Jugend, nach dem ersten Weltkrieg wild entschlossen, mit Traditionen zu brechen, oft für Aufregung. Vor allem die jungen Damen mit Kurzhaarschnitt und in langen Hosen und die modische Badebekleidung riefen im Dorf Kopfschütteln hervor. Die Wandlitzer Heimatdichterin, Klara Schröder, schrieb ein Gedicht darüber in fast vergessenem Wandlitzer Platt. Es beginnt mit den Zeilen: »Na weeten se, dätt iss jetzt schlimm, / Man mütt sich rein schenieren, / Wie inn unn ümm dätt Seebad rümm / Diee Lüde rümmspazieren. / ... Watt Frauns in Hosen, ass son Mann, / Ass wollns Theater spielen, / Watt hadden jo fast joarnischt an – / Dätt diee sich nich vaküehlen?« [1]

Das Dorf Wandeliz wurde 1242 erstmalig urkundlich erwähnt. Die Markgrafen Johann I. und Otto III. verkauften es damals für 150 Mark Silber und drei Züge mit dem großen Netz im Wandlitzsee an das Kloster Lehnin. Die Mönche leiteten diesen Besitz von einem Klostergutshof aus, der an den »Drei heiligen Pfühlen« stand, kleine zwischen dem Wandlitz- und dem Liepnitzsee liegende eiszeitliche Restseen. Der Klosterhof blieb nicht erhalten.

Eine 1244 datierte Urkunde belegt, daß die Markgrafen den Mönchen im Austausch gegen Länderein bei Nauen, den gesamten Wandlitzsee überließen, woraus die in der Fischerei sehr erfahrenen Mönche sicher viel Nutzen zogen. Daß die kleine

1 Klara Schröder (1856–1940). Das Gedicht über die Eröffnung des Strandbades ist im »Wandlitzer Blatt« erschienen

Maräne, ein sehr schmackhafter Fisch, damals im Wandlitzsee schon heimisch war, ist anzunehmen. Nach einer Sage – wann sie entstand, ist ungewiß – geriet diese Fischart jedoch erst durch den Pakt zwischen einem gewitzten Mönch und dem Teufel in den See.

Folgendes wird berichtet: Eines Tages verspürte dieser Mönch Appetit auf Maränen, die es im Wandlitzsee nicht gab. Es muß ein gewaltiger Appetit gewesen sein, denn der Mönch versprach dem Teufel seine Seele dafür, wenn er ihm bis Mitternacht diese köstlichen Fische brächte. Der Teufel witterte ein glänzendes Geschäft. Er versprach pünktliche Lieferung. Die Mitternachtsstunde nahte, der Mönch bekam es mit der Angst zu tun und sann auf eine Möglichkeit, den Teufel zu überlisten. Er fand ein einfaches aber wirksames Mittel, indem er die Klosteruhr um zehn Minuten vorstellte. Als der Teufel mit den Maränen durch die Lüfte sauste und die Klosteruhr die zwölfte Stunde schlug, noch ehe er den See überquert hatte, da meinte er, das Spiel sei für ihn verloren. Wütend ließ er die Fische in den See fallen und verschwand. So kamen die kleinen Maränen in den Wandlitzsee, und das Mönchlein erhielt die ersehnte Mahlzeit, ohne dafür in der Hölle zu schmoren.

Wandlitz blieb bis zur Säkularisation Klosterdorf. Danach ging es in den Besitz des Landesherren über, unterstand zunächst dem kurfürstlichen Mühlenbecker Amt und später dem Liebenwalder Amt. Die Ordnungsmacht im Dorf übte ein Lehnschulze aus. Dies Amt hatten bereits die Lehniner Mönche geschaffen. Zu den Aufgaben des Schulzen gehörte die niedere Gerichtsbarkeit und das Eintreiben der Abgaben. Er selbst zahlte wenig Abgaben und erhielt weitere Vergünstigungen für seine Tätigkeit. Eigentümer ihres Grundbesitzes wurden die Lehnschulzen erst 1721 unter König Friedrich I. Durch den 30jährigen Krieg verminderte sich die Einwohnerzahl von Wandlitz um die Hälfte. Obwohl es mit elf Bauern und vier Kossäten nicht gar so ärmlich dastand wie Zühlsdorf, dauerte es doch über ein Jahrhundert, bis es sich von den Kriegsfolgen erholt hatte.

Das Dorf ist als Rundling erbaut worden, eine Anlage, die besonders anheimelnd wirkt und im Berliner Umland nicht so häufig vorkommt wie das langgezogene Straßendorf. Den Mittelpunkt bildet die Dorfkirche. Ihre Grundmauern stammen aus dem 13. Jahrhundert. Wie viele im Mittelalter gegründete Kirchen ist sie das Ergebnis der Bautätigkeit mehrerer Jahrhunderte. Dem romanischen folgte ein gotischer Bauabschnitt, 1716 wurde die Kirche erweitert und barockisiert. Es ist ein schlichtes, aber schönes Bauwerk, reizvoll auch durch das Zusammenspiel verschiedener Materialien: Feldstein, verputztes Mauerwerk und in der oberen Turmregion Holz. Der Blick auf die Kirche gewinnt durch den prachtvollen Baumbestand auf dem ehemaligen Anger. Die umliegenden, meist einstöckigen Häuser stammen großenteils aus dem vorigen Jahrhundert.

Eine Sehenswürdigkeit besonderer Art ist das nahe der Kirche befindliche Agrarmuseum. Es ist aus einer anfangs privaten Heimatstube hervorgegangen, die der Landwirt Walter Blankenburg (1901–1984) und seine Frau Margot 1955 eröffneten. In den Dörfern wanderte damals wertvoller historischer Hausrat noch häufig in die Müllgruben. In Wandlitz hieß es nun: Den alten Ramsch nimmt jetzt Blankenburg für sein Museum. Er richtete es in seinem 1929 eröffneten Milchladen ein. Der Milchverkauf erfolgte danach noch bis 1960 in einem anderen Hofgebäude der Blankenburgs. Als örtlicher Vertreter der Molkereigenossenschaft, deren Hauptsitz in Oranienburg war, hatte Walter Blankenburg in den 20er Jahren die Milchversorgung aufgebaut, einschließlich der mobilen Versorgung durch Milchwagen.

Als Heimatforscher war er Autodidakt. Ursprünglich wollte er Lehrer werden, mußte aber, nachdem sein älterer Bruder und Hoferbe im I. Weltkrieg gefallen war, seinen Plan aufgeben und Landwirt werden, um den väterlichen Hof weiterzuführen.

Sein heimatkundliches Interesse bestand schon lange, ehe er daran dachte, ein Museum aufzubauen. Oft hatte er sich gefragt, welche Erklärung es wohl für einen in der Wandlitzer Landschaft fremdartig wirkenden Hügel in den »Mühlenfichten«, so lautet der Flurname, gibt. Die Antwort fand er 1953, als er dort mit seiner Frau eine Radtour unternahm und ein durch Erdarbeiten zum Vorschein gekommenes bronzezeitliches Gräberfeld entdeckte. Als daraufhin wissenschaftliche Ausgrabungen vorgenommen wurden, konnten 21 Gräber der jüngeren Bronzezeit geborgen werden. Diese Funde gaben Walter Blankenburg den Anstoß, in Wandlitz ein Museum zu gründen, um ländliche Kulturgüter zu retten und den Einwohnern die Augen für den Wert oft mißachteter historischer Gegenstände zu öffnen.

Es war ein bescheidener Anfang. Spinnrad und Haspel, ein wenig Zinngeschirr, etliche schöne alte Keramikkrüge und Kleider, einige Bodenfunde, alles aus der unmittelbaren Umgebung liebevoll zusammengetragen, bildeten die Hauptattraktionen. Schüler der in einer benachbarten Villa untergebrachten Oberschule malten im Unterricht Plakate für das Dorfmuseum. Das Ehepaar Blankenburg war Lehrern und Schülern gut bekannt, nicht zuletzt durch die schmackhafte Buttermilch und die Wurstsuppe, die man für ein paar Groschen dort kaufen konnte, in jenen Jahren eine willkommene Zugabe zum Pausenbrot.

Mit unermüdlichem Fleiß erweiterte Walter Blankenburg, unterstützt von seiner Frau, die Sammlung ständig und schuf so die Grundlage für ein beachtliches Museum. Ihre Mühen wurden nicht allein durch die Anerkennung im Dorf, sondern auch durch die Zustimmung von Fachleuten belohnt. Das führte dazu, daß die Heimatstube 1960 als Außenstelle des Bernauer Museums staatliche Mittel erhielt und Walter Blankenburg ein Gehalt gezahlt werden konnte.

Auf einer Ausstellungsfläche von rund 200 Quadratmeter werden heute in mehreren Häusern, übersichtlich geordnet, historische Gegenstände des täglichen Gebrauchs, wie sie in der Mark üblich waren, gezeigt. Bemalte und mit Schnitzwerk verzierte

2 Zur Geschichte des Museums s. Walter Blankenburg und Christine Papendieck, Kleine Wandlitzer Geschichte. Wandlitz 1990

MÖNCHMÜHLE. 1995. GOUACHE. (36 X 48 CM)

KÜHE AUF DER SCHILDOWER WEIDE. 1995. GOUACHE. (30 X 40 CM)

ZÜHLSDORFER SÄGEMÜHLE. 1987. AQUARELL. (36 X 48 CM)

SCHÖNFLIESSER DORFKIRCHE. 1995. GOUACHE. (36 X 48 CM)

DAS DORF WANDLITZ. 1988. AQUARELL. (40 X 30 CM)

KIRCHE IN LIEBENWALDE. 1991. AQUARELL. (36 X 48 CM)

SCHLOSS SCHWANTE. 1994. AQUARELL. (30 X 40 CM)

ALTES SCHULHAUS IN STOLPE. 1995. AQUARELL. (30 X 40 CM)

ZEHDENICK. 1995. AQUARELL. (40 X30 CM)

DAS ALTE GUTSHAUS IN FRIEDRICHSTHAL. 1995. GOUACHE. (30 X 40 CM)

SCHUBSCHIFF AM LIEGEPLATZ DER MALZER WERFT. 1995. GOUACHE. (30 X 40 CM)

ALTE FÖRSTEREI IN WENSICKENDORF. 1995. AQUARELL. (30 X 40 CM)

SCHLOSS DAMMSMÜHLE. 1994. AQUARELL. (30 X 40 CM)

AM WERBELLINSEE. 1986. GOUACHE. (36 X 48 CM)

VEHLEFANZ. 1993. AQUARELL. (38 X 36 CM)

DER LIEBENBERGER GUTSHOF. 1996. GOUACHE. (40 X 50 CM)

Bauernmöbel und andere hübsche Einrichtungsgegenstände sind zu sehen, ländliche Kleidungsstücke, aber auch eine Sammlung historischer Fahrzeuge, Leiterwagen, Schlitten und Kutschen. Die landwirtschaftlichen Geräte reichen von Hakenpflug und Sichel über ein Dampflokomobil bis zu Erntemaschinen und Traktoren jüngeren Datums. Und wer sich für die Ortsgeschichte interessiert, findet dort ebenfalls Material.[2]

Der Name Wandlitz ist nach der Wende durch die für die Regierung der DDR erbaute Waldsiedlung heftig in die Schlagzeilen geraten. Dabei entstand vielfach der Eindruck, als wären diese Siedlung und die Ortschaft Wandlitz identisch. Tatsächlich nahm die streng davon getrennt in einem abgelegenen Waldstück errichtete Enklave auf Wandlitz genausowenig Einfluß wie auf die anderen umliegenden Dörfer.

Ausflug in die Schorfheide

Die Heidekrautbahn nimmt ihren Weg von Wandlitzsee aus über Klosterfelde am hübschen Lotschesee vorbei, ehe sie den Finowkanal überquert, der etwa die südliche Begrenzung der Schorfheide bildet. Dieses beliebte Ausflugsziel und begehrte Jagdgebiet ist Jahrhunderte lang landesherrliches Jagdrevier gewesen. Das Dorf Groß-Schönebeck, eines ihrer Zentren und Endstation der Bahnlinie, war schon im Mittelalter ein stattliches, im Landbuch Kaiser Karls IV. von 1375 mit 64 Hufen eingetragenes Dorf. Im 18. Jahrhundert gehörten 26 Bauern-, 38 Kossätenhöfe und vier Krüge dazu. Die erste amtlich gültige urkundliche Erwähnung unter dem Namen Sconebecke stammt von 1313. Ob er auf den Vasall des Kaisers, Conradus de Schonebeck zurückgeht, in zwei Urkunden aus dem Jahr 1300 genannt, die sich auf Eberswalde und Werbellin beziehen, ist nicht sicher. Der Bernauer Chronist Tobias Seiler (1681–1741) hat eine andere Erklärung: »Das Dorf ... lieget in einer schönen Gegend, allwo nicht allein viele Eichen, Buchen, Fichten und anderes Gehölz anzutreffen, sondern es ist auch ein Flüßlein oder Bach vorhanden, welcher durch die Gärten der Dörfler fließt. Daher es den Namen Groß-Schönebeck bekommen haben.«[1] Diese Deutung kann wissenschaftlich nicht belegt werden, ist dafür aber poetisch. Dem Rektor des 1607 durch Kurfürst Joachim Friedrich gegründeten Joachimsthaler Gymnasiums (es wurde später nach Berlin verlegt) gefiel die Gegend weniger gut. Er berichtet von giftigen Ausdünstungen schrecklicher Sümpfe, den Brutstätten von Schlangen und Vipern, die sich nicht nur auf dem Schulhof, sondern auch in der Küche und in Betten wärmen würden.[2]

Ob es ganz so gefährlich war, mag dahingestellt bleiben. Die Schorfheide, das größte zusammenhängende Waldgebiet der Mark mit Hügeln und Senken, Rinnsalen, Mooren, Teichen und Seen hat in manchen Teilen noch heute einen fast urwaldartigen Charakter. Das gilt besonders für die Nieder- und Hochmoore und die einzigartigen Wacholderjagen mit ihren hochgewachsenen Wacholderbüschen.

Groß-Schönebecks Geschichte nach der Eroberung des Barnims durch die Askanier begann mit dem Bau einer Burg. In ihrem Schutz entstand das Dorf. Sie gehörte zu der Kette von Vesten zur Verteidigung des Landes, die von Spandau über Oranienburg, Liebenwalde, Zehdenick, Groß-Schönebeck, Grimnitz, Werbellin und Eberswalde bis nach Oderberg reichte. Anstelle der Burg entstand später ein Jagdschloß, das mehrfach verfiel, zerstört und wiederaufgebaut wurde. Seine neugotische Dekoration erhielt es im vorigen Jahrhundert.

Aus früher Groß-Schönebecker Zeit blieb nur wenig erhalten. Grabungen weisen auf einen kleineren romanischen Vorgängerbau der Kirche. Ihr Turm bis zum Fachwerkaufsatz stammt aus gotischer Zeit. Seine Umfassungsmauern hatten der anson-

1 S. Tobias Seiler, Chronik der Stadt Bernau. 1736. Zweiter Teil, S. 91. Übertragung der handschriftlichen Fassung von Karl Bülow. Bernau, 1995

2 S. Hans Preuß, Die Wandlung der »magna merica Werbellin«. In: In der Schorfheide, Streifzüge zwischen Havel und Grimnitzsee. Leipzig 1975 S. 20 f.

sten im 30jährigen Krieg totalen Zerstörung der Kirche widerstanden. Beim Wiederaufbau von 1663 bis 1690 erhielt der Turm den Fachwerkaufsatz und die barocke Haube.

Das jetzt als Schorfheide-Museum genutzte Jagdschloß gibt Auskunft über die Besiedlungsgeschichte, Flora und Fauna, über die Jagd und das Jagdwesen in der Schorfheide. Rotwild, Rehwild, Dammwild, Muffelwild, Schwarzwild und das bedeutendste Jagdtier, der Edelhirsch, sind hier heimisch, einst waren es auch Bären und Wölfe. Der Bär verschwand bereits Ende des 16. Jahrhunderts, die letzte große Wolfsjagd fand 1782 statt. Einzelne aus den polnischen Wäldern kommende Wölfe lassen sich als gelegentliche Besucher auch gegenwärtig noch in der Schorfheide sehen. Ein 1986 erlegtes Exemplar ist ausgestopft im Groß-Schönebecker Museum zu besichtigen.

Solche herrlichen Jagdgründe waren nicht nur ein Tummelplatz sondern auch der Besitz allerhöchster Herrschaften. Und damit das kostbare Hochwild vom landesherrlichen nicht in andere Reviere wechseln konnte, ließen die jeweiligen Landesherren schon in alten Zeiten Wildzäune errichten, die dann immer wieder erneuert und auch erweitert wurden.

Einer der hohen Herren, ein Markgraf von Brandenburg, kam – so berichtete die Sage – bei einer Jagd mal ernsthaft in die Bredoullie. Wann die Sache passierte, ist nicht überliefert. Jedenfalls irgendwann im Oktober war er mit seinen Weidgenossen zur Jagd in der Schorfheide unterwegs und hatte bis Mittag noch kein nennenswertes Tier vor die Flinte bekommen. Als nachmittags dann Nieselregen und Nebel einsetzten, konnten seine Mannen nicht mehr mithalten – vermutlich hatten sie die Nase voll – und verzogen sich. Der Markgraf scherte sich nicht weiter darum, sondern stürmte auf seinem treuen Rappen immer forsch voran. Er war ein ehrgeiziger Herr, und weil der heilige Hubertus nicht daran dachte, diese Forschheit mit Jagdglück zu belohnen, packte den Reiter die blinde Wut, worunter sein Orientierungssinn wohl litt. Der einsame Jäger verirrte sich bei Nacht, Nebel und Regen im Wald. Endlich stieß er auf die

Behausung einer Köhlerfamilie, wo er über Nacht ein Unterkommen fand. Bohm hießen die Leute. Wie er so patschnaß und ziemlich verdreckt vor ihnen stand, hielten sie ihn zunächst für einen Landstreicher und zögerten, ihn einzulassen. Als sie dann erfuhren, welch hoher Gast um Obdach bat, taten sie natürlich alles, um ihm in ihrer erbärmlichen Hütte ein sicheres Quartier zu bieten. Daß es trotzdem alles andere als komfortabel war, läßt sich denken. Doch der Markgraf, von der Herumirrerei schon reichlich erledigt, war heilfroh, ein Dach überm Kopf zu haben. Für die Bohms hat sich die Gastfreundschaft gelohnt, sie erhielten ein schönes Stück Land. Das war dann die Grundlage für das Siedlungsgebiet Böhmerheide.

Von den nachfolgenden allerhöchsten Herrenschaften, den Kurfürsten, Königen, Kaisern und ungekrönten Staatsoberhäuptern, die in der Schorfheide zur Jagd weilten, hat sich offenbar niemand mehr verirrt. Vielleicht lag es daran, daß ihre Mannen sich nicht mehr so mir nichts dir nichts davonstehlen konnten.

Der Name Schorfheide, seit dem 18. Jahrhundert gebräuchlich, soll darauf zurückgehen, daß die Bauern einst ihre Schoofe in diese Wälder trieben. Die Eichenheiden gaben eine gute Weide für Rinder und Schafe ab. Die preußische Staatskasse ließ sich das Weiderecht von den Bauern bezahlen. Erst im 19. Jahrhundert war die Schorfheide für die Mastnutzung kaum noch gefragt. Eine andere Deutung des Namens legt das Wort schürfen, das Aufsammeln von Eicheln, zugrunde. Die Eiche bestimmte das Bild des Waldes bis zum 18. Jahrhundert. Obwohl danach durch die märkische Kiefer zurückgedrängt, kann man in der Heide auch heute noch viele uralte Eichen bewundern.

Was für ein erlesenes Jagdgebiet die Schorfheide unter den Hohenzollern darstellte, ist auch bei Fontane nachzulesen: »Ein Teil des Forstes, die sogenannte Schürf- oder Schorfheide, die sich eine halbe Meile lang am Nordwestufer des Sees entlangzieht, dient eigens dem Zwecke, das Wild zu pflegen, also den Rest des Forstes in einen desto besseren Jagdgrund zu verwandeln. Der nahe See mit seinem kostbaren Wasser, (eine Folge seiner Kalk und Tongründigkeit) eignet sich zur Tränke, während außerdem

Brunnen im Wald gegraben sind und überall ausgebreitete Heu-und Moosbetten über die Gefahren und Beschwerden des Winters hinweghelfen. Und das alles nur sehr ausnahmsweise mit der hinterlistigen Absicht, den heut noch gehegten und gepflegten Hirsch bei nächster Gelegenheit ins Blatt zu treffen. Letzlingen, so heißt es, ist für den Gebrauch. Werbellin und Grimnitz aber sind für die Repräsentation. Dort jagen die Hohenzollern um des Jagens willen; im Werbellin jagen sie nur an Fest- und Galatagen, um ihren Gästen zu zeigen, was hohe Jagd in den Marken sei.«[3]

Letzlingen war ein königliches Jagdrevier bei Magdeburg. Die hohe Jagd (Jagd auf das Hochwild) war in Deutschland bis 1848 nur dem Hochadel gestattet.

Mit dem See ist der Werbellinsee gemeint. Ursprünglich wurde als Schorfheide nur das Gebiet um Hubertusstock herum bezeichnet.

Schloß Hubertusstock, einst Jagdsitz der Hohenzollern, ist seit der Wende ein viel besuchtes Haus, das seine Attraktivität allerdings weniger den Hohenzollern verdankt, als der Tatsache, daß Erich Honecker sich darin niedergelassen hatte. Erbaut wurde es unter König Friedrich Wilhelm IV. von 1847–1849. Es glich, im bayrischen Stil gehalten, mit umlaufendem reich mit Schnitzwerk verziertem Balkon, eher einem Landhaus als einem Schloß und entsprach ganz dem romantischen Geschmack des Königs. Bei der in den 70er Jahren unter dem Hausherren, Erich Honecker, vorgenommenen Restaurierung wurden u.a. die für die Erbauungszeit typischen Fensterformen verändert und die reiche Dekoration so reduziert, daß der ursprüngliche Charakter des Gebäudes verlorenging.

Die Jagdleidenschaft ging von den Hohenzollern nahtlos zu ihren Nachfolgern im Regierungsgeschäft, den Reichpräsidenten der Weimarer Republik, Friedrich Ebert und Paul von Hindenburg über. Der Ministerpräsident Otto Braun ließ die Schorfheide

3 S. Theodor Fontane, Wanderungen, Das Oderland. Berlin und Weimar 1976. S.520

zum Schutzgebiet erklären. Adolf Hitler war an der märkischen Heide wenig interessiert, um so mehr der Reichsmarschall, Reichsforst- und Reichsjägermeister Hermann Göring. Er veranlaßte 1936 die Gründung der »Stiftung Schorfheide« und eine Erweiterung der Schutzzone von 40.000 auf 60.000 Hektar. Das geschah nicht ganz uneigennützig, er betrachtete die Heide als eine Art Privateigentum. Um ihr ein durch und durch urgermanisches Ansehen zu geben, durfte das Wisent nicht fehlen. Auf einem Areal, südwestlich vom Werbellinsee, ließ er ein Schau-, ein Zucht- und ein Jagdgehege anlegen. 1945 zählte die Herde 96 Tiere, die er, weil er sie keinem anderen gönnte, bei Kriegsende abschießen ließ.

Die neuen ostdeutschen Herren hatten auch Freude an edlen Jagdtrophäen und an ein bißchen Repräsentation, besonders bei Anwesenheit hoher ausländischer Gäste. Und wie es schon in alten Zeiten war, wurde am Rande der Jagdgesellschaften gerne Politik gemacht. Hubertusstock rückte sogar zu einem Ort deutsch-deutscher Verhandlungen auf. Die letzte fand im Dezember 1981 zwischen dem Bundeskanzler Helmut Schmidt und dem Staatsratsvorsitzenden Erich Honecker statt, übrigens ohne Halali.

Die Neugier trieb so manchen in den letzten Jahren noch zu einem anderen historischen Ort, wo jedoch nur noch zwei Torpfeiler zu sehen sind und ein Platz, auf dem ein paar von Gestrüpp und Unkraut überwucherte Gesteinsbrocken liegen. Da stand einst das Schloß, das sich Hermann Göring in der Schorfheide errichten ließ und in Erinnerung an seine erste, verstorbene, Frau, die Schwedin Karin geb. Baronin Fock, Karinhall nannte. Einige Abbildungen von Karinhall sind im Groß-Schönebecker Schorfheide-Museum zu sehen. Der einstige Liebenberger Gutsherr, Wend Graf zu Eulenburg-Hertefeld hat das »heimliche Königsschloß« in seinen Lebenserinnerungen beschrieben. Ein detailliertes Bild vermittelt seine Schilderung vor allem von dem großen Jagdsaal: »Im Zentrum der fast quadratischen Halle brannte auf einem altarartigen Podest ein loderndes, offenes Feuer, über dem ein von der Decke herabhängendes, riesiges

Kupferdach Rauch und Hitze auffing. Davor lag auf einem Elchfell ein halbwüchsiger, junger Löwe, der sich bei unserem Eintreten gähnend erhob, streckte und dann langsam auf uns zukam. Göring beruhigte uns mit dem Hinweis, man solle den Löwen gar nicht beachten, dann würde er sich bald wieder auf sein Fell zurückziehen; jedenfalls wäre er gänzlich ungefährlich. Den weitläufigen, offenen Dachstuhl trugen schwere Eichenbalken, an denen fast vorsintflutlich wirkende Hirsch- und Elchgeweihe hingen, während die Wände hinter dem Placement, auf dem man uns bat, Platz zu nehmen, mit Fellen behängt waren. Von hier fiel der Blick am Kamin vorbei auf die schönsten flämischen Gobelins mit Jagddarstellungen, die ich je gesehen habe.«[4]

Görings Kunstsammlung wurde während des Krieges durch in aller Herren Länder zusammengeraubte Kunstschätze bedeutend erweitert. Wie so viele Nazigrößen ließ er diese Schätze, als die Rote Amee im Anmarsch war, schleunigst nach Süddeutschland abtransportieren, und Karinhall wurde auf sein Geheiß gesprengt.

Das Schloß stand zwischen dem Wucker- und dem Großen Döllnsee.

Die beiden größten Seen der Schorfheide sind der beinahe runde Grimnitzsee, an dessen Ufer die von Kurfürst Joachim Friedrich 1604 gegründete Stadt Joachimsthal liegt und der 13 Kilometer lange und stellenweise bis zu 50 Meter tiefe Werbellinsee. »Wie ein Gottesauge glänzet,/ Drüber dunkle Brauen glühn,/ Liegt von Berg und Wald umkränzet, / Märchenhaft der Werbellin«, schrieb der Joachimsthaler Heimatdichter Fr. Brunhold, mit bürgerlichem Namen August Ferdinand Meyer (1811–1894).

Von der Askanierburg Werbellin ist im Unterschied zu der bei Altgrimnitz gelegenen Burg Grimnitz, von der noch Restmauerwerk steht, keine Spur geblieben. Als Tobias Seiler seine Bernauer Chronik schrieb, waren auch von der Burg Werbellin noch Reste vorhanden: »Drei Viertel des Weges davon (Groß-Schönebeck) lieget der

4 S. Wend Graf zu Eulenburg-Hertefeld, Ein Schloß in der Mark Brandenburg. Stuttgart 1990. S. 136

sogenannte Wervelin, ein See, darinnen die weltberühmten Muränen gefangen werden, so beinahe alle anderen an Geschmack übertreffen. An diesem Wervelin stehen noch Rudera auf einem Berge, an einem alten Schlosse. So sahen auch die Fischer an einigen Orten auf dem Grunde des Wassers, welcher sehr hell ist, unterschiedliches Mauerwerk. Man erblicket auch an einem Orte viele dicke und starke Pfähle, welche aus dem Wasser hervorragen. Es geht allgemein die Sage, als ob eine Stadt in diesem See vor langer Zeit versunken sei.«[5]

Die Stadt Werbelow, berichtete die Sage, habe einst an der Stelle des Sees gestanden, und ihre Bewohner seien so fabelhaft reich gewesen, daß viele Gebrauchsgegenstände des täglichen Lebens aus Gold und Silber bestanden. Bedauerlicherweise ließ der Lebenswandel der Leute mit zunehmendem Reichtum sehr zu wünschen übrig. Mildtätigkeit war für sie ein Fremdwort geworden. Niemand hatte ein Stück Brot für den Bettler übrig, der einst in diese schöne Stadt kam. Er ging von Tür zu Tür und wurde verjagt, bis er im allerletzten Haus schließlich eine gutherzige Familie fand, die ihn bewirtete. Nachts träumte er, er solle die Stadt sofort verlassen. Da dachte er dann wohl, es sei besser, solch eine Traumwarnung ernst zu nehmen. Vielleicht erfolgte der Aufbruch ein bißchen sehr eilig, jedenfalls fiel ihm unterwegs ein, daß er etwas Wichtiges vergessen hatte. Als er zurückkehrte, fand er an der Stelle der Stadt Werbellow eine große Wasserfläche, eben den Werbellinsee.

Sonntagskinder, heißt es, sollen die Stadt am Johannistag mittags um zwölf Uhr noch heute da unten drin liegen sehen und ihr Glockengeläut hören. Ob das auch noch für Sonntagskinder des 20. Jahrhunderts zutrifft, konnte noch nicht ermittelt werden. Die Sage ist ja schon ziemlich alt.

5 S. Tobias Seiler, Chronik der Stadt Bernau. S. oben

6 S. Theodor Fontane, Wanderungen, Oderland. A.a.O. S. 517

7 S. Theodor Fontane, Wanderungen. Oderland. A.a.O. S. 523 f.

Ob mit oder ohne Glockengeläut, ein Zauber ist um ihn her, wie Fontane schreibt: »Eine halbe Meile nördlich von Lichterfelde, schon auf uckermärkischem Grund und Boden, begegnen wir dem sagenhaften Werbellin See, auch wohl in Kürze »der Werbellin« geheißen. Ein Zauber ist um ihn her, und was der »Blumenthal« unter den Forsten ist, das ist der Werbellin unter den Seen dieses Landesteiles.[6] Mit diesen Sätzen beginnt das Wanderungs-Kapitel »Am Werbellin«, und der Dichter beschließt es mit einem romantischen Bild : »Kleine Wellen schäumen an's Ufer vor uns, die breite Wasserfläche liegt noch im Licht, während sich nach Norden hin bläuliche Schatten über Wald und See breiten... Es ist ein Märchenplatz, auf dem wir sitzen, denn wir sitzen am Ufer der »Werbellin«.[7]

EINIGE PRAKTISCHE HINWEISE FÜR REISENDE
ZÜHLSDORF–WENSICKENDORF–LIEBENWALDE–WANDLITZ–SCHORFHEIDE

Der Autofahrer erreicht Zühlsdorf, wenn er von Mühlenbeck aus in Richtung Liebenwalde fährt. Der Autolose hat die Wahl zwischen der Buslinie (Schildow–Zühlsdorf) und der Bahnstrecke (S-Bahnhof Karow–Basdorf–Liebenwalde). Wer sich für die Bahnfahrt entscheidet, verpaßt allerdings die Chance, unterwegs noch Summt kennenzulernen. Summt besitzt keinen Bahnhof. Als die Niederbarnimer Eisenbahn gebaut wurde, sperrte die damalige Summter Gutsherrin sich gegen den Streckenbau auf ihrem Gebiet. Es gibt einen hübschen, nicht zu langen Spazierweg rund um den Summter See, an dem es auch Badestellen gibt, eine größere am Westufer, eine kleinere am südlichen. Dort liegt auch der ehemalige Gutspark. Mit seinen uralten, riesigen Bäumen ist er an heißen Sommertagen angenehm kühl. Zühlsdorf, von Wäldern rings umgeben, ist ein Ausgangspunkt für Waldwanderungen in allen Richtungen. Eine besonders schöne, etwa sieben Kilometer lange Strecke folgt von der Sägemühle aus dem Lauf der Briese durchs romantische Briesetal bis nach Birkenwerder. Erquickung und Labung bietet unterwegs für wenig Geld die alte Försterei Wensickendorf, wer mehr anlegen kann, mag vielleicht in der »Waldgaststätte Briesekrug« einkehren. Von dort ist es nicht mehr weit bis zur Pension »Birkenhof« an der S-Bahnstation Birkenwerder (Linie 1 und Linie 10). Birkenwerder selbst war schon ein beliebter Ausflugsort, als man noch mit der Pferdedroschke, kutschiert von der Omnibusjette, reiste. Die hatte alles fest im Griff, auch die Fahrgäste. Den ganz Eiligen rief sie zu: »Jehn sie man immer voruff, damit die Ferde nachher den Weg finden. Sie sehn ja, die beeden Ferde haben jedes vier Beene un sie blos zwee; da werden wa sie schon inholen«. Nach dem Bau der Nordbahn 1877 boomte das Ausflugsgeschäft tüchtig. Heute besteht kein Mangel an Gaststätten verschiedener Preisklasse. Ein ebenfalls beliebter, etwa sechs Kilometer langer Wanderweg führt ins Dorf Wandlitz. Viele Ausflügler begnügen sich hier mit der halben Strecke, an der das Strandbad Rahmersee

liegt und das Restaurant »Zur Waldschänke« zu Wildschwein am Spieß und anderen guten Wildgerichten einlädt. Die bekommt man übrigens auch im Restaurant »Zum gemütlichen Waldhasen«, das sich an der Birkenwerder Straße vor der Einfahrt in das Zühlsdorfer Dorfzentrum befindet.
Ein Vergnügen besonderer Art ist es, ein Stück mit dem Triebwagen durch Wälder und Wiesen zu zuckeln. So mittendrin erlebt man diese märkische Landschaft von der Straße aus nicht. Und wer noch ein wenig wandern und dabei einen geschichtlich interessanten Ort kennenlernen möchte, dem sei das knapp vier Kilometer vor Liebenwalde liegende Dorf Kreuzbruch zu empfehlen. An der in östlicher Richtung abbiegenden Dorfstraße steht die neugotische, 1831 erbaute Kirche, d.h. sie steht eigentlich nicht an der Straße, sondern mitten auf einer großen Wiese. Die typische märkische Dorfstraße mit eng aneinander gebauten Häusern fehlt in Kreuzbruch, es ist eine Streusiedlung. Das hat historische Ursachen. Im 18. Jahrhundert hatte König Friedrich Wilhelm I. in der Entwässerung von Sümpfen erfahrene Schweizer und Holländer hier angesiedelt, und jeder Siedler erhielt sein abgegrenztes Stück Land, auf dem er seinen Hof errichtete.
Ein Tip für die Hausfrauen: Am Straßenrand stehen Apfelbäume. Feuerrote Äpfel, süßsauer und saftig, liegen zur Erntezeit zu Haufen im Gras. Sie sind garantiert ungespritzt und auch nicht durch Autoabgase geschädigt, denn die Straße ist kaum befahren, weil sie hinter dem Dorf am Waldrand endet. Am Straßenrand steht sogar ein Basketballkorb. Die Kinder können dort ungefährdet spielen.
Südwestlich von Liebenwalde liegt noch eine Streusiedlung, es ist das von dem Liebenberger Gutsherren, Jobst Gerhard von Hertefeld, gegründete Neuholland. Von den alten Gehöften ist dort noch etwas zu sehen, u.a. eine ehemalige Käserei, das hübsche Pfarrhaus und die sehr schlichte Kirche, charakteristisch für eine reformierte Gemeinde. Wer in Liebenwalde in einem Gasthaus essen möchte, das mehr bietet als eine Imbißstube, dem bleibt die Qual der Wahl erspart, denn es gibt nur ein solches Gasthaus, der dem Rathaus gegenüber liegende »Stadtkrug«.

Zur Schorfheide hat man mit privaten wie mit öffentlichen Verkehrsmittel von verschiedenen Richtungen her Zugang. Von Groß-Schönebeck aus führen eine Straße und auch ein Wanderweg an das südwestliche Ufer des Werbellinsees mit einem im Sommer sehr stark frequentierten Badestrand und zum Hotel Hubertusstock. Mindestens ebenso interessant ist die Schorfheide, wenn man Joachimsthal als Ausgangspunkt wählt, sowohl über die B109 als auch über die Autobahn zu erreichen. Weiterfahren kann man am westlichen oder östlichen Ufer des Werbellinsees. Am östlichen liegt der hübsche, schon zu Fontanes Zeiten beliebte Erholungsort Altenhof. Eine Skizze des Dichters weist darauf hin, daß er dort gesessen hat. Joachimsthal ist eine typisch märkische Kleinstadt mit bescheidenen, aber im Zentrum großenteils noch alten Häuschen. Es liegt beinahe mitten im Wald. Der Grimnitzsee begrenzt das Städtchen im Osten. In etwa 20 Minuten Fußweg erreicht man den nördlichen Zipfel des Werbellinsees. In unmittelbarer Nähe unterhalb der Bahnstation Werbellinsee befindet sich eine Schiffsanlegestelle. Von hier aus kann man auch per Schiff nach Altenhof gelangen.
Joachimsthal ist nicht nur für einen Tagesausflug, sondern auch für einen Urlaub geeignet. Das neu erbaute, gute und preiswerte Hotel »Wenzels Hof« steht in Joachimsthal an der Schönebecker Straße. Im dazugehörigen Restaurant wird ein preiswertes und gutes deutsches Essen serviert. Auch das »Hotel am Werbellinsee« und das »Hotel am Grimnitzsee«, beide etwas teurer, kann man empfehlen. Benutzer öffentlicher Verkehrsmittel haben eine bequeme Bahnverbindung nach Joachimsthal (Strecke 190 bis Eberswalde, Weiterfahrt mit RB 63 in Richtung Templin).

Nachtrag:
Seit 24. Mai 1998 besteht zwischen Wensickendorf und Liebenwalde kein Zugverkehr mehr. Die Triebwagenfahrt mit Unterbrechung in Kreuzbruch (vgl. S. 75) besitzt folglich nur noch Erinnerungswert. Wer mit öffentlichen Verkehrsmitteln nach Liebenwalde fahren will, ist auf Regionalbusse angewiesen.

Schloßbesichtigung auf Fontanes Spuren

LIEBENBERG

Einst erstreckte sich die Herrschaft Liebenberg bis an die Grenze der Stadt Liebenwalde. So war es im 17. Jahrhundert, nachdem Jobst Gerhard Freiherr von und zu Hertefeld den durch den 30jährigen Krieg in Konkurs gegangenen Bredowbesitz erwarb und dazu vom Kurfürsten durch Tausch das Havelbruchland bei Liebenwalde bekam, auf dem die Kolonie Neuholland entstand. Hertefeld, Kurfürstlicher Oberjägermeister, Kämmerer und Hauptmann der Ämter Liebenwalde und Zehdenick, stammte vom Niederrhein, hatte Besitzungen um Cleve und Geldern.

Theodor Fontane hat in dem Wanderungsband »Fünf Schlösser« (1888) die Geschichte der Hertefelds auf Liebenberg und der Eulenburgs, die die Nachfolge antraten, geschildert. Im Jahre 1880 hatte er Philipp Friedrich Karl Graf zu Eulenburg (1847–1921) kennengelernt. Eulenburg lud ihn nach Liebenberg ein und machte ihm das Eulenburgsche Familienarchiv für das schon lange geplante Wanderungskapitel zugänglich. In seiner Einladung hatte der Graf ihm einen der hübschesten Orte der Mark versprochen und darin nicht übertrieben. Sanfte Hügel, malerische Seen, weite Wiesen und wild-romantischer Wald, richtiger Märchenwald, prägen die Liebenberger Landschaft.

Als Jobst Gerhard von Hertefeld 1652 das Gut übernahm, waren große Teile des Landes sumpfiges und wildbewachsenes Bruchland. Er war ein Kenner der holländischen Entwässerungskunst und wußte, daß dieses Land in gute, für die Milchviehwirtschaft geeignete Weiden und Wiesen verwandelt werden könnte. Er warb Bauern und Landarbeiter aus Holland und aus den deutschen niederrheinischen Gebieten an. Sie besaßen Erfahrung in der Trockenlegung von Sümpfen, und sie waren Reformierte, wie der Gutsherr, in ihrer Heimat eine bedrängte Minderheit. Er garantierte ihnen Religionsfreiheit und bot den Kolonisten im Havelbruchland mit günstigen Erbpachtverträgen und verminderten Abgaben wirtschaftlich günstige Bedingungen. Neben den Einwanderern versuchten auch bald Einheimische in der Kolonie, die Holland-Bruch und später Neuholland genannt wurde, ihr Glück zu machen. Sie entwickelte sich gut, Herden von 20 bis 30 Kühen waren dort im 18. Jahrhundert keine Seltenheit.

Samuel von und zu Hertefeld (1667–1730), der Neffe und Erbe von Jobst Gerhard und seit 1678 Liebenberger Herr, setzte das Kolonisationswerk seines Onkels fort. Fontane beschreibt, auf welche Weise er im überschwemmten Land Strömungsrichtung und Wasserscheide herausfand. Papierschnitzel wiesen ihm den Weg. Er verstreute sie von einem Kahn aus, mit dem er an windstillen Tagen bei hohem Wasserstand durchs Luch fuhr. Der König kaufte 1704 Neuholland zurück, wodurch der Einfluß Hertefelds aber kaum gemindert wurde. Zum Brandenburgisch-preußischen Oberjägermeister ernannt, behielt er ihn von Amts wegen, vor allem aber, weil seine Erfahrungen unentbehrlich waren.

In einem Brief an Eulenburg vom 24. November 1880 bekennt Fontane, der Hertefeld-Aufsatz sei eine der mühsamsten Arbeiten auf dem Gebiet der Wanderungen gewesen: »Das Mühevolle, ja sogar Schwierige lag nämlich darin, daß mit Ausnahme der

1 S. Theodor Fontane, Wanderungen durch die Mark Brandenburg. Fünf Schlösser. Anm. zu Liebenberg. Berlin und Weimar 1987. S. 608

2 S. ebenda

Plünderungsgeschichte, gar kein Stoff von Allgemeininteresse vorliegt.«[1] In diesem Zusammenhang bezeichnet er Friedrich Leopold von Hertefeld (1741–1816) als einen Mann, der durch nichts in den Kreis historischer Personen eingereiht werden könne. Und doch hat er sich gerade mit diesem Hertefeld eingehend beschäftigt, der im Jahre 1806, als napoleonische Truppen Liebenberg plünderten, nicht, wie man es damals von historischen Personen erwartete, mit Hurra gegen den haushoch überlegenen Feind anstürmte und sich abschlachten ließ, sondern sich versteckte und sich als Domestique ausgab, um seinen Kopf zu retten. Theodor Fontane, dessen liberale Gesinnung und dessen kritischer Geist immer wieder verkrustete gesellschaftliche Konventionen durchbrach, zeigte Verständnis für den alten Herren. »Jeder Mensch, der den Mut hat, anders zu empfinden als der große Haufe, auch selbst in Mutsachen mutig anders zu empfinden, als die lederne Tapferkeitsschablone vorschreibt, erweckt mein Interesse«, heißt es in dem genannten Brief.[2]

Es mangelte in Liebenberg nicht nur an sogenannten historischen Männern, sondern auch an sensationellen Geschichten. Es gab keine Duelle, keine Rebellen, weder unglückliche Damen noch solche mit angeknackstem Ruf, ja nicht einmal ein Gespenst, bei Lesern, besonders, wenn es um alte Schlösser geht, beliebte Erzählstoffe. Den kleinen Skandal, den es 1867 bei der Testamentseröffnung von Karl von Hertefeld gab, hat die Familie Eulenburg Fontane entweder verschwiegen oder um Diskretion gebeten.

Karl von Hertefeld (1794–1867) war kinderlos geblieben. Seine Schwester, Alexandrine Gräfin von Danckelmann, erwartete, das Liebenberg-Erbe anzutreten. Doch Karl hatte es ihrer Enkelin, seiner Großnichte, Alexandrine Gräfin zu Eulenburg geb. Freiin von Rothkirch Panthen (1824–1902), vermacht. Sie war mit Philipp Conrad Graf zu Eulenburg (1820–1889) verheiratet. Erbschleicherin schimpfte die Großmutter ihre ahnungslose Enkelin und verließ wütend und für immer das Elternhaus. So schildert es Wend Graf zu Eulenburg-Hertefeld in seinen »Erinnerungen an Liebenberg«. Darin ist auch die hübsche Sage wiedergegeben, mit der die Rothkirchs die

Liebenberg-Geschichte bereicherten: Nach der Schlacht bei Liegnitz im Jahre 1241 raubte ein Ritter Rothkirch eine mongolische Prinzessin aus dem Zelt des Khans. Der Ritter hatte eine Mordswut auf dessen Sippe, dachte daran, die Prinzessin umzubringen, denn das Geschlecht der Rothkirchs wurde in der Schlacht mächtig reduziert. Doch aus der Rache wurde nichts, er verliebte sich in Dschingis Khans Töchterlein und nahm's zur Frau. Später soll die Ehefrau sich wieder in Richtung Osten davongemacht haben, in Gestalt eines Drachens, aber das ist wohl nicht so ganz sicher. Fontane mußte ohne die berühmte Mongolin auskommen, überhaupt ohne Schlagzeilen. Dabei kannte und schätzte er den Mann, der Liebenberg später in die Schlagzeilen brachte, nämlich Philipp Graf zu Eulenburg, der ihn in Liebenberg eingeführt hatte.

Philipp begann seine Laufbahn als Offizier, studierte danach Jura und wurde Diplomat. Als Fontane ihn kennenlernte, befand er sich bereits im diplomatischen Dienst. Er war eine herausragende, vor allem auch künstlerisch begabte Persönlichkeit. Er dichtete, komponierte Lieder, entwarf Liebenberger Baulichkeiten, schrieb Theaterstücke. Fontane besprach sein Schauspiel »Der Seestern« 1887 in der Vossischen Zeitung. Eulenburgs steiler Aufstieg hatte sich zu dieser Zeit schon angebahnt. Auf einer Jagdgesellschaft im Jahre 1886 machte er die Bekanntschaft des Kronprinzen Wilhelm; ab 1888 Kaiser Wilhelm II. Es entwickelte sich eine enge Freundschaft. Über ein Jahrzehnt blieb Philipp zu Eulenburg ein einflußreicher Berater des Kaisers. Liebenberg wurde dadurch eines der ersten Häuser, sein Forst ein bevorzugter Platz für Kaiserjagden. Die höchste kaiserliche Gunst erfuhr Eulenburg, als ihm im Jahre 1900 der Fürstentitel verliehen wurde. Seine Bitte, auch den Namen Hertefeld zu tragen – der letzte Hertefeld hatte dies in seinem Testament, damit der Name nicht erlischt, den Erben nahegelegt – wurde erfüllt. Auf Wunsch des Königs von Schweden ist noch der Name Sandels hinzugefügt worden. Philipps Ehefrau Augusta (1853–1941) war eine geb. Gräfin von Sandels, die letzte dieses in Schweden berühmten Geschlechtes. So nannte er sich von da an Philipp Fürst zu Eulenburg-Hertefeld, Graf von Sandels.

Eine letzte hohe kaiserliche Auszeichnung wurde ihm anläßlich der Hochzeit seines Sohnes und Erben, Friedrich Wend (1881–1963) mit Marie Freiin Mayr von Melnhof (1884–1960), zuteil. Seine Majestät hob dabei in einer Rede die seit Jahrhunderten währende treue Verbundenheit der Häuser Hohenzollen und Eulenburg hervor. Noch ehe das kleine, für die Jungvermählten 1906 bis 1908 am Großen Lankesee erbaute Nebenschloß fertig eingerichtet war, sollte Fürst Philipp erfahren, wie dünn die Höhenluft war, in der er lebte.

Seine Einflußnahme auf die Politik des Kaisers wird unterschiedlich bewertet. Als er, zutiefst beunruhigt, des Kaisers Weltmachtstreben und die Kriegsvorbereitungen erkannte, da war die Möglichkeit seiner Einflußnahme auf den Monarchen nicht mehr gegeben.[3] Immer deutlicher sah der Fürst, das Idealbild, das er sich vom Kaiser machte oder nach dem er den Jüngeren formen wollte, war eine Illusion. Die Abkühlung der Freundschaft, sicher beidseitig, blieb nicht unbemerkt. An Neidern fehlte es bei Eulenburgs bevorzugter Stellung ohnehin nicht.

Und wie es so geht, sitzt einer nicht mehr fest im Sattel, dann fressen ihn die Raben. Der erste Rabe war der Journalist Maximilian Harden. Er brachte den Fürsten mit dem Verdacht der Homosexualität zu Fall. Zwar sollen solche Neigungen in Offizierskreisen damals öfter vorgekommen sein, aber ruchbar werden durften sie nicht. Dann wars unmoralisch und wurde grausam verfolgt. Dem Beschuldigten sollte 1908 der Prozeß gemacht werden, konnte dann aber infolge der schweren Erkrankung des sensiblen, nervlich ohnehin nicht sehr belastbaren Fürsten – er war fast gelähmt – nicht durchgeführt werden. Er mußte sich jedoch bis 1919 regelmäßig einer Ärztekommission vorstellen, die über seine Verhandlungs- und Haftunfähigkeit befand. Ob an den Anschuldigungen was dran war, muß offen bleiben, der mittels der Presse hinausposaunte

3 Vgl. Christian Graf von Krockow, Fahrten durch die Mark Brandenburg. München 1993. S. 236

Verdacht genügte, um Philipp zu Eulenburg für den Rest seines Lebens in Liebenberg zu isolieren. Der einst große Freundes- und Bekanntenkreis verschwand von der Bildfläche. In Wahrheit galt Hardens Attacke gegen den kaiserlichen Freund dem Kaiser selbst und seinem Herrschaftssystem, doch der wich aus, distanzierte sich von Eulenburg, opferte ihn.

Das alte Reich ging unter, die neuen Mächtigen klopften an die Liebenberger Schloßtür. Die Kaiserjagden machten Schule. Der Reichsjägermeister, Reichsmarschall Hermann Göring ging in Liebenberg auf die Pirsch. Dieser Karinhaller Nachbar war ein Gast, der sich gewissermaßen selbst eingeladen hatte. Wer hätte wohl seiner Bitte, zur Jagd geladen zu werden, widerstehen könne, oder besser: dürfen. Für eine Enkelin des Fürsten Philipp wurden es folgenschwere Besuche. Sie war 1913 zur Welt gekommen und hatte den Namen Libertas erhalten, nach der Heldin einer Dichtung ihres Großvater »Das Märchen von der Freiheit«. Ihre Mutter, Tora, die jüngste Tochter des Fürsten, hatte den Modegestalter Otto Haas-Heye geheiratete, lebte aber schon während des I. Weltkrieges von ihrem Mann getrennt mit ihren Kindern in Liebenberg.

1921 wurde die Ehe geschieden. Libertas Haas-Heye absolvierte die ersten Schuljahre in Liebenberg, die weiteren in Berlin und Zürich. Zu Beginn der 30er Jahre lebte sie in Berlin, lernte Harro Schulze-Boysen (1909–1942) kennen und heiratete ihn im Juli 1936. Die Trauung fand in der Liebenberger Hauskapelle statt.

Harro Schulze-Boysen arbeitete seit April 1934 in der Abteilung Fremde Luftmächte im Führungsstab des Reichsluftfahrtministeriums. Wend Graf zu Eulenburg schreibt in seinen Liebenberger Erinnerungen, Libertas habe diese Stellung durch ein Gespräch mit Göring während eines Liebenberger Jagdbesuches erwirkt.[4] Nach einer Schrift von Hans Coppi über Schulze-Boysen fand es erst nach der Eheschließung statt und sollte dem Ehemann ein besseres Fortkommen im Ministerium sichern.[5] Wie dem auch sei, Libertas hat durch das Gespräch mit Göring dazu beigetragen, Harro Schulze Boysen eine Position zu verschaffen, in der er militärisch wichtige Informationen erhielt. Schon frühzeitig im antifaschistischen Widerstandkampf engagiert, wurde er während des II. Weltkrieges einer der führenden Köpfe in dem großen Spionagering »Rote Kapelle«, der solche Informationen an die Sowjetunion weiterleitete. 1942 wurde diese Widerstandsorganisation enttarnt. Ihre Mitglieder zahlten – Libertas bis zuletzt an der Seite ihres Mannes – den höchsten Preis. Harro und Libertas Schulze-Boysen sind am 22. Dezember 1942 in Plötzensee hingerichtet worden.

Nach dem Ende des II. Weltkrieges und der Etablierung der DDR in der ehemaligen sowjetischen Besatzungszone zog es auch die neuen Mächtigen nach Liebenberg, um ihr Jagdglück zu probieren. Wilhelm Pieck, Walter Ulbricht, Erich Honecker und diverse Mitglider des Politbüros gingen dort auf die Pirsch. Sie konnten nicht eigentlich als Gäste gelten, denn das ZK der SED hatte den durch die Bodenreform enteigneten fetten Happen Liebenberg übernommen. Im Gut mit seinem Schloß entstand ein dem ZK der SED unterstelltes Schulgut. Das Nebenschloß am Großen Lankesee beherbergte die Jagdgesellschaften. Es ist, abgesehen von der Innenerinrichtung, gut erhalten über die Zeiten gekommen und wird jetzt als Hotel genutzt.

Das Hauptschloß erfuhr im Laufe der Jahrhunderte viele Umbauten und Ergänzungen und erlitt seit 1945 ganz erhebliche Verluste. Samuel von Hertefeld ließ auf dem Fundament des Bredowschen Gutshauses einen Neubau mit Hochparterre und Mansardgeschoß errichten. Im 19. Jahrhundert verwandelten umfangreiche Um- und Erweiterungsbauten den kleinen Barockbau in ein prächtiges, repräsentatives Schloß. Eine ähnlich Entwicklung wie in Schönfließ, nur in Liebenberg, wo man noch mehr aus dem Vollen schöpfen konnte, fiel alles um einige Nummern reicher und größer aus.

4 Vgl. Wend Graf zu Eulenburg-Hertefeld, Ein Schloß in der Mark Brandenburg. Stuttgart 1993. S. 132

5 Vgl. ebenda und S. 137. Vgl. auch Hans Coppi, Harro Schulze-Boysen, – Wege in den Widerstand. Koblenz 1993. S. 142 und S. 147

Der letzte Hertefeld sorgte für die Aufstockung des Schlosses, sein Nachfolger 1875/76 für den Anbau eines Flügels. Darin befand sich eine große Halle, die Fontane durch das Leben, das sich darin abspielte, stark beeindruckte. Sie barg die umfangreiche Bibliothek und wurde zugleich als Wohnraum für die Familie und ihre Gäste genutzt. »Hier sitzen die Damen am Schreib- und Maltisch, hier wird gelesen und musiziert, geplaudert und Billard gespielt, oft alles zur gleichen Zeit, und eben dadurch allem jener warme Ton gegeben, ohne den es eine wahre Wohnlichkeit nicht gibt.«[6]

Fürst Philipp lieferte selbst die Entwürfe für einen geschlossenen Hofraum, zu dem ein verbindender Neubau mit hohem Turm gehörte. Nordische Halle nannte sich ein saalartiger, im neuromanischen Stil gestalteter Raum in diesem Neubau. Die aus dem 13. Jahrhundert stammende Kirche und das alte Amtshaus wurden in die Gestaltung des Hofes einbezogen, der danach mit all seinen Türmen und Toren an einen mittelalterlichen Marktplatz erinnerte. Der Romantiker schuf sich seine Hülle. Auch die erneuerte Schloßfassade trug seine Handschrift. Besonders die Dachaufbauten mit Türmchen, Giebeln, Dachgaupen, alles kleinteilig, entsprach ganz dem Stilempfinden des Historismus. Dieser Eindruck ging verloren. Die nordische Halle und ein Torgebäude sind 1945 durch Brand zerstört worden. Bei einer Instandsetzung im Jahre 1974 wurden die Dachaufbauten drastisch reduziert und die Fassaden denkbar unsensibel erneuert. Die Ausstattung des Schlosses ist 1945 verwüstet worden. Den Rest besorgte der Umbau von 1974. Durch schludrige, laienhafte Arbeit stürzte dabei u.a. die schöne Stuckdecke in der ehemaligen Bibliothek ein und zerbrach. In den beiden Gasträumen des nach der Wende im Hauptschloß eröffneten Restaurants befanden sich einst der Blaue Salon und das Porzellanzimmer der Eulenburgs. Davon ist nichts mehr zu sehen. Die Fenster gehen auf den Park mit seinen kostbaren Bäumen hinaus.

6 S. Theodor Fontane, Wanderungen durch die Mark Brandenburg. A.a.O. S. 336

Die kleinen Parkbauten befinden sich in besserem Zustand. An der neu angelegten Lindenallee steht ein im Barockstil errichteter Teepavillon. Fürst Philipp wurde darin aufgebahrt vor der Überführung in die Familiengruft. Ein wenig versteckt auf einem bewaldeten Hügel liegt die auf diesen fürstlichen Baumeister zurückgehende Rosenburg, so genannt nach dem sogenannten Rosenberg, auf dem sie errichtet wurde.

Eine Vorliebe für die Rose zeigt sich übrigens im 19. Jahrhundert in allen Gattungen der Kunst. Rosenmotive zierten unzählige Teppiche, Vorhänge, Tapeten, Kleiderstoffe, Bucheinbände, die Rose umrankte Lauben und künstliche Ruinen, sie spielte in der Dicht-und in der Tonkunst eine Rolle. »Rosenlieder« schrieb auch Philipp zu Eulenburg. In fünf Strophen besingt er Monats- und Seerosen, wilde und rankende, rote und weiße Rosen. Und ganz im Sinne der Romantik endet sein Lied mit dem letzten Rosenschmuck »mein Schatz, der liegt auf der Todtenbahr/ hat weisse Rosen in seinem Haar/ und weisse Rosen auf seiner Wang/ das Leid, das Leid, das trag ich nicht lang/ und weisse Rosen, so still und rein/ die werden auch meine Zierde bald sein...«[7] Diese gefühlsseligen, im Geschmack des späten 19. Jahrhunderts gehaltenen »Rosenlieder« sind erst vor kurzem der Vergessenheit entrissen worden, in die sie, wie die meisten dieser sehr zeitgebundenen Schöpfungen, gerieten. Die Landschaftsruine Rosenburg ist ein ganz und gar romantisches kleines Gebilde, in dem aus der Münchner Sebalduskirche bei einer Restaurierung ausgesonderte Bauteile Verwendung fanden. In dem von Joseph Lenné angelegten Schloßpark erfolgten seit der Wende eine Reihe von Instandsetzungsarbeiten, so daß die ursprüngliche Anlage allmählich wieder ablesbar wird.

7 Rosenlieder. In: Eigentum der Verleger für alle Länder. ED. Bote & Bock Berlin, Hofmusikalienhändler SmM des Kaisers und Königs und Sr. K.H. des Prinzen Albrecht von Preußen. Der Baronin Gisela Hess-Diller geb. Gräfin Gallenberg in Freundschaft zugeeignet.

EINIGE PRAKTISCHE HINWEISE FÜR REISENDE
LIEBENBERG

Es muß nicht immer Teneriffa sein, auch in Liebenberg ist's schön. Man kann in der »Pension Gutshaus Liebenberg« wohnen und speist dort gut und reichlich. Die Gästezimmer liegen im hübschen kleinen, im 18. Jahrhundert erbauten, Lindenhaus. Es steht im Park dem Schloß gegenüber. Auch das bald nach der Vermählung von Friedrich Wend Graf zu Eulenburg-Hertefeld mit Marie Mayr von Melnhof für das junge Paar am Großen Lanke-See erbaute Seehaus ist zum Hotel und Restaurant ausgebaut worden. Ein Fußweg von etwa 15 Minuten führt vom Hauptschloß in dieses ehemalige Nebenschloß. Das eine wie das andere ist mit dem Auto über die B 167 zu erreichen. Diese Verkehrsader tangiert Dorf und Schloßbereiche jedoch nur am Rand. Man wohnt dort ruhig. Benutzer öffentlicher Verkehrsmittel nehmen am besten den Zug bis nach Löwenberg und steigen dort in den Bus nach Zehdenick um.

Für Autofahrer oder Radler unterwegs nach Liebenberg lohnt sich ein kleiner Umweg, um Schloß Hoppenrade (nordwestlich von Löwenberg) zu besuchen. Es ist auch mit dem Bus von Löwenberg aus zu erreichen. Im Wanderungsband »Fünf Schlösser«, geht den Liebenberger Kapiteln die Beschreibung von Hoppenrade voraus, das Fontane mit der Geschichte der Charlotte von Kraut (1762–1819) genügend brisantes Material lieferte. Diese schöne, lebenslustige Dame führte drei Ehen, wurde zweimal geschieden und brachte ihre Habe in den Konkurs. Das Barockschlößchen und der schöne Park waren in den Jahrzehnten vor der Wende sehr heruntergewirtschaftet. Der neue Eigentümer hat den Park in Teilen bereits vom Unterholz befreit und den verschlammten Wasserlauf wiederhergestellt, so daß es von seinen Ufern her schon wieder reizvolle Durchblicke auf das Schloß gibt, dessen Gesamtinstandsetzung allerdings noch einige Zeit beanspruchen wird. Die Schloßkapelle besitzt noch ihre alte Ausstattung.

Dörfer im Abseits

VEHLEFANZ – SCHWANTE

Vehlefanz

»Tanz ist heut im Kruge zu Vehlefanz«, damit beginnt ein Gedicht von Theodor Fontane. Er verfaßte es anläßlich der Erstürmung der Düppeler Schanzen im Deutsch-dänischen Krieg 1864. Wer nach einer besonderen Beziehung des märkischen Dorfes zu dem fernen Kriegsgeschehen sucht, bemüht sich vergebens. Der seltsame Ortsname verschaffte Vehlefanz wohl den Ehrenplatz in dem Gedicht. Der Name geht auf den einst dort ansässigen Stamm der Lutizen zurück und soll so viel wie Dorf der »großen Schnurrbärte« heißen. Nach dem Bau der Kremmener Eisenbahnstrecke 1908, die Vehlefanz über Velten mit Berlin verband, wurde es ein von Berlinern gern besuchter Ausflugsort. Es liegt eingebettet in eine hügelige Landschaft, im Wiesengrün blinken Seen, Vehlefanzer Schweiz wurde die Landschaft oft genannt. Hügel besitzen in der sonst ebenen Mark einen gewissen Seltenheitswert, weshalb ihnen auch gern die etwas hochtrabende Bezeichnung Berg zuerkannt wird, und man besonders hübschen Hügellandschaften mehrfach den Beinamen Schweiz gab.

Für die Vehlefanzer Hügel sind der Sage nach die Kinder eines in uralten Zeiten dort lebenden Riesenpaares verantwortlich. Wie alle Kinder spielten sie gern mit Sand, packten ihn in ihre Schürzen und ließen ihn dann sorglos herausrieseln.

Was der Eisenbahnbau dem Dorf gab, das wurde ihm durch den Mauerbau 1961 wieder genommen. Für die Einwohner der Westberliner Stadtbezirke war Vehlefanz unerreichbar geworden, für die Berliner in der ehemaligen DDR wurde ein Ausflug nach

Vehlefanz, durch die Unterbrechung der Bahnstrecke und umständliche Ersatzlösungen, ein so mühseliges Unternehmen, daß von Erholung keine Rede mehr sein konnte, und die Vehlefanzer lebten von da an nicht mehr in einem hauptstadtnahen Ort, sondern in einem Dorf, das im Abseits lag.

Seit dem Mauerfall finden sich wieder Berliner Besucher ein, sie kommen wie früher vorzugsweise aus dem Stadtbezirk Reinickendorf, die jüngeren, für die ihr märkisches Umland noch Neuland ist, vielleicht ein wenig zögernd, aber zumeist doch berührt von dem Charme der Landschaft und der Natürlichkeit des Dorfes. An den Wegrändern blüht der Löwenzahn im Gras, und es gibt noch richtige Bauerngärten. Manche Häuser wurden vor zwei- und dreihundert Jahren erbaut. Genauso lange sind einige Familien in Vehlefanz ansässig. Ältere Einwohner erinnern sich an die Lehmdecken in ihren Stuben und daran, wie eng Mensch und Tier beisammen waren. In den alten Häusern befanden sich früher Wohnung und Stall unter einem Dach. Prächtige Laubbäume säumen Straßen und Wege. Besonders schöne Bäume stehen am Anger und um die Kirche herum. In der Nähe weisen Mauerreste auf eine ehemalige Wasserburg hin. Urkunden aus dem 14. Jahrhundert nennen die Bredows als Burgherren. Vehlefanz blieb bis 1632 in ihrem Besitz. Mehrere Denkmäler in der Kirche tragen ihr Wappen mit dem Ziegenbock.

Eine Sage erzählt, weshalb die Bredows es zu ihrem Wappentier kürten: Nach langer vergeblicher Belagerung einer Burg entdeckten ihre Landsknechte einen Ziegenbock am Burghang. Die Aussicht auf einen Braten beflügelte ihre Schritte. Das Tierchen entschlüpfte in einen durch Buschwerk getarnten Gang. Die Landsknechte folgten der Spur. Ob sie es noch erwischten, ist nicht bekannt. Auf ihre Kosten kamen sie vermutlich, denn sie hatten den Geheimgang zur Burg gefunden, der den Bredows zum Sieg und dem Ziegenbock dazu verhalf, Bredowsches Wappentier zu werden. Die im Mittelalter erbaute und im 18. Jahrhundert barockisierte Kirche gehört zu den schönsten märkischen Dorfkirchen. Sie enthält kostbare Denkmäler, das älteste ist ein aus dem

13. Jahrhundert stammendes Kruzifix. Der in der Renaissance errichtete Flügelaltar trägt das Bredowsche Wappen. In seinem Hauptfeld bildet die Kreuzigungsgruppe den Mittelpunkt. Auf diesen Gekreuzigten richtet sich der Blick des Ritters Alexander von Bredow, auf einem Epitaph nahe dem Altar zu sehen. Es heißt, der Ritter büße auf diese Weise dafür, daß er seinen Knecht erschlug.

Nach den 1575 niedergeschriebenen Aufzeichnungen des Vehlefanzer Predigers, Christoph Praetorius, ließ nicht nur die ritterliche sondern auch die Moral seiner Amtsvorgänger zu wünschen übrig.[1] Zwei Prediger suchten das Weite, weil es in der Gegend gar zu ärmlich zuging. Von ihrem Nachfolger, Gregorius Radewitz, wird berichtet, er habe sein Leben angenehm mit seinen Konkubinen verbracht und sei ein großer Säufer gewesen. Nach der Reformation soll dann alles fein sittsam zugegangen sein. Wer weiß, wie lange es dabei blieb. Das Geschichtswerk des Predigers Praetorius wurde nicht fortgesetzt. Fontane hat Vehlefanz in die Wanderungen nicht mit aufgenommen. Daß er es kannte, darf als sicher gelten, denn es liegt ja auf der von ihm häufig frequentierten Wegstrecke von Berlin in seine Heimatstadt Neuruppin. Von dem berühmten Dichter abgesehen, können die Vehlefanzer sich noch anderer hochgestellter Gäste rühmen, die Begleitumstände allerdings, unter denen diese Persönlichkeiten Vehlefanz besuchten, waren ziemlich unerfreulich. Da wäre zunächst Wallenstein zu nennen. Er nahm mit seinen Landsknechten vom August 1627 bis Februar 1628 in dem Dorf Quartier. Ein wahrer Leckerbissen für Leute wie Historiker oder Journalisten. Die Vehlefanzer hätten damals sicher gern auf die Ehre verzichtet. Ihr Dorf wurde nämlich durch die Anwesenheit des hohen Gastes sehr bald zum Kriegsschauplatz erhoben. Am Ende des 30jährigen Krieges war es durch Plünderungen, Hunger, Mord, Seuchen und Brände fast vernichtet.

1 Festschrift 750 Jahre Vehlefanz 1241–1991

Eine in Preußen überall gern gesehene Besucherin ist die gute Königin Luise gewesen, bekannt für ihre mildtätigen Gaben. Nach Vehlefanz mußte sie mit leeren Händen kommen. Ihre Visite fand zu einem denkbar ungünstigen Zeitpunkt statt und auch nicht ganz freiwillig. Man schrieb das Jahr 1806, und die Franzosen waren hinter ihr her. Napoleon folgte ihr zwar nicht auf dem Fuß, er ließ sich sechs Jahre Zeit, ehe er nach Vehlefanz kam, dafür soll er sich gleich für ein paar Monate im Amtshaus eingenistet haben. In dieser Zeit veranstaltete er eine große Heerschau. Da bekamen die Vehlefanzer was zu sehen. Am schönsten sahen sicher die Herren Offiziere aus, wie sie so mit blitzenden Orden geschmückt, hoch zu Roß daherkamen. Sie scheuten keine Mühe, dem Bild des muskulösen antiken Helden nahezukommen und trugen deshalb, wie es die neue griechische Mode verlangte, hautenge Beinkleider. Und was die Natur wohlmöglich versagte, ersetzten Waden- und Oberschenkelpolster. Aber vermutlich fehlte den Vehlefanzer Bauern die Begeisterung für diese Heerschau angesichts der durch die Soldaten in ihren Vorratskammern, Kellern, Scheunen und Ställen verursachten Leere. Das 1765 erbaute Amtshaus steht noch. Vehlefanz war 1711 königliches Domänengut geworden. Das ersparte den Dörflern wenigstens die Doppelabgaben, an den Feudal- und an den Landesherren.

Weitaus glücklicher als die Besuche hoher Herrschaften verlief der Auftritt eines Ritters, der sein Incognito wahrte. Er begegnete der schönen Kathrein irgendwann vor dem 30jährigen Krieg. Eine genaue Zeitangabe fehlt, Sagen verzichten darauf. An wunderbaren Geschichten herrschte in den märkischen Dörfern, in denen es an materiellen Gütern eher mangelte, geradezu ein Überfluß. Die Armut ist ein Boden, auf dem Sagen, Wunder- und Aberglaube gut gedeihen. Die schöne Kathrein lebte in der Mühle am Weinberg, nicht als Müllerin oder Müllerstochter, sondern als arme Verwandte, die bei den Müllersleuten als Magd diente. Außer ihrer Schönheit besaß das Mädchen nichts. Dem einzigen Sohn des Müllers genügte dieser Besitz, er warb um Kathrein und fand bei ihr offene Ohren. Bei seinen Eltern nicht.

Angesichts der Finanzlage verweigerten sie den Segen. Nun rettete ein Wunder die junge Liebe. Es wird hier verkürzt wiedergegeben: Ein geheimnisvoller Ritter erlaubte der Maid, sich vom nächtlichen Feuer, das er mit seinen Mannen umlagerte, Glut für ihren Küchenherd zu holen. Obwohl sie einen großen Topf voll Glut mitnahm, ging das Feuer aus, sobald sie Kohlen draufschüttete. Nach dem dritten mißlungenen Versuch meinte der Ritter, sie hätte sich nun genügend bedient. Am anderen Morgen erlebte die Familie eine freudige Überraschung. Auf dem Herd lag pures Gold. Aus Schön-Kathrein war über Nacht eine glänzende, von der Verwandtschaft mit offenen Armen empfangene Partie geworden.

Der Handlungsschauplatz, die Mühle am Weinberg, steht nicht mehr. Aber Vehlefanz besitzt noch eine im Jahre 1805 errichtete Bockwindmühle. Sie wurde 1953 stillgelegt und 1990 in ihrer äußeren Gestalt wiederhergestellt. Im Innern befindet sich ein kleines Mühlenmuseum. Und alljährlich zum Erntedankfest wird dort auf der Wiese gefeiert. Mit Musik, mit Spiel und mit Tanz geht es rund um die Mühle herum in Vehlefanz.

Schwante

Das Dorf Schwante an der Kremmener Bahnstrecke geriet durch den Mauerbau genauso ins Abseits wie Vehlefanz. Die beiden Dörfer liegen nur eine halbe Stunde Fußweg voneinander entfernt.

Einst sollen sie durch einen unterirdischen Gang, der von der Vehlefanzer Kirche zu einer Wasserburg in Schwante hinführte, miteinander verbunden gewesen sein. Ergebnislos verlaufene Suchaktionen konnten den Glauben an seine Existenz kaum erschüttern. Er ist für den Ruf einer Burg fast noch wichtiger als ein Gespenst, das sich zu selten zeigt und irgendwann auf Nimmerwiedersehen verschwindet. So ein Gang hingegen müßte sich doch finden lassen, vorausgesetzt, es gab ihn. Und das ist in der

Regel nicht der Fall. Meist handelt es sich bei aufgefundenen Resten um einstige Kellerräume. Das Argument überzeugt selten. Der Gedanke an einen geheimnisvollen unterirdischen Gang ist zu schön, um davon zu lassen.

Die Wasserburg wurde durch einen Schloßbau ersetzt. Das 1740 bis 1743 errichtete Barockschloß, von seinen Abmessungen her mehr ein Schlößchen oder Gutshaus, besteht noch. Erasmus Wilhelm von Redern hieß der Bauherr (1695–1766). Die aus dem Anhaltinischen stammende Familie von Redern besaß Schwante schon seit 1355. Svant schrieb es sich zu der Zeit, vom slawischen svetu (heilig) herkommend, ein Name, den die dort vor der Eroberung durch die askanischen Markgrafen ansässigen slawischen Fischer ihrer Ansiedlung gaben. Fünfhundert Jahre lang blieben die Redern auf Schwante.

Das Schloß steht in einem großen, verwilderten, aber noch immer schönen Park. Eine Lindenallee führt vom Dorf aus darauf zu. Die Baumkronen bilden eine Art Laubengang. An seinem Ende liegt die Gartenfront des Schlosses. So von Ferne und hübsch eingerahmt sieht es aus wie ein Bild aus alten Zeiten. Zwar fehlen Blumenrabatten und Skulpturen am Wegrand, doch mit etwas Phantasie kann man sich vorstellen, wie die Rokokogesellschaft da einst flanierte, die Damen mit ihren weiten Reifröcken, in seidenen Schuhchen trippelnd, die Herren in bestickten Seidenröcken, den Dreispitz auf weißgepuderter Perücke. Im Näherkommen platzt die Illusion. Putz blättert in großen Fladen von den Wänden, Stufen bröckeln.

Eine vom Flur ausgehende, repräsentative doppelläufige Treppe im Innern des Gebäudes weist darauf, daß es früher eine vornehme Ausstattung besaß. Schließlich genoß die Familie von Redern großes Ansehen. Prinzenerzieher, Kammerherren, Domdechanten und Hofmarschälle beim brandenburgischen Kurfürsten und später im Preußischen Königshaus waren daraus hervorgegangen. Schloß Schwante ist ein sagenumwobener Ort, an dem die Frösche eines Tages, durch Zauber gebunden, verstummten. Dazu kam es, als vor sehr langer Zeit ein Herr von Redern schwerkrank darniederlag. Durch das Gequake der Frösche fand er nachts keinen Schlaf mehr, wodurch sein Zustand sich so verschlimmerte, daß kaum noch Hoffnung bestand. Seine Frau weinte sich schier die Augen aus. Eines Tages kam ein armer Mann daher und bettelte um Almosen. Er hörte von dem Leiden des Herren und versprach, die Frösche zum Schweigen zu bringen. Ein ganzer Sack voll Roggen wurde ihm dafür als Belohnung versprochen. Der Bettler umging das Haus im weiten Kreis, murmelte was vor sich hin, vielleicht Zaubersprüche, oder er betrieb eine geheime Wissenschaft, jedenfalls verstummten die lästigen Tiere. Der Hausherr konnte mal wieder richtig ausschlafen und genas.

Zeit seines Lebens störte ihn kein Froschgequake mehr, und auch die Gesundheit seiner Nachkommen konnte dadurch lange Zeit nicht gefährdet werden, 100 Jahre sollte das Mittel des Bettlers wirken. Wann die Frösche wieder anfingen zu quaken, ist jedoch infolge fehlender Zeitangaben unsicher. Manche Chronisten meinen, sie hätten ihr Konzert beim Schloßneubau wieder aufgenommen, weil das Zuschütten eines alten Grabens die Tiere zu sehr erregt habe.

Von den Gräben, die die Wasserburg umzogen, ist nichts mehr zu sehen, und der Schloßsee ist fast vollständig zugewachsen. Im Jahre 1888 wurde Schloß Schwante – die Familie von Redern lebte schon lange in Berlin – an Richard Sommer aus Berlin-Schöneberg verkauft. Nach seinem Tod 1916 wechselten die Besitzer mehrfach, bis Vicco von Bülow es in den 20er Jahren erwarb. Seine Familie wohnte dort bis zum Kriegsende. Nach 1945 diente es teils schulischen, teils behördlichen Zwecken.

In der Nachredernzeit hat der wechselnde Zeitgeschmack an dem Barockbau Spuren hinterlassen, aber keine so tiefgreifenden wie an den Herrensitzen in Schönfließ, in Liebenberg, oder am Schloß Dammsmühle.

Bis 1945 nannte noch eine Inschrift über der Tür Erbauer und Bauzeit: »Erasmus Wilhelm von Redern aus dem Hause Schwandte / Catharina Elisabeth von Bredow aus dem Hause Sontz / haben dieses Haus Anno 1741 im September / angefangen durch Gottes Hülfe zu bauen/ und durch deßen Beistand Anno 1743 im December vollendet«, stand in goldenen Lettern auf grünem Grund. Das hat einen übereifrigen Genossen so erbost, daß er die Maurerkelle nahm und das klassenfeindliche Andenken unter Mörtel begrub. War es die Folge geringer handwerklicher Erfahrung oder fehlerhaften Materials, die Goldschrift arbeitete sich wieder durch, die Prozedur mußte wiederholt werden.

Die Erbherren von Redern auf Schwante waren zugleich die Kirchenpatrone. Zum Schwanter Kirchenbesitz gehört eines der ältesten märkischen Kirchenbücher. Die Aufzeichnungen beginnen im Jahre 1574. Ähnlich wie in Liebenwalde haben auch die Schwanter Pastoren sehr verschiedenartige Nachrichten über örtliche Vorkommnisse in ihre Berichte aufgenommen. So erfährt der Leser manche Merkwürdigkeit aus der Familiengeschichte der von Redern, wie das Mißgeschick, das den abenteuerlustigen Herrn Adam traf. Er hatte auf seinen Streifzügen durch fremde Länder die französische Artigkeit gegenüber den Damen erlernt, unentbehrlich war dabei ein stilvoller Kratzfuß.

Damit wollte der Herr nun vor den märkischen Damen glänzen. Weiß der Himmel wie das Unglück geschah, er glitt aus und brach sich ein Bein. Vielleicht beherrschte er die Technik des Kratzfußes noch nicht perfekt, oder der Schwanter Fußboden war tückischer als das französische Parkett. Das wäre denkbar, denn der Sturz passierte zur Zeit des Soldatenkönigs, der seinen Adel – abgesehen von Militärausgaben – zu strenger Sparsamkeit anhielt, und neue Parkettböden waren teuer, so daß man ein paar Risse und Dellen darin wohl hinnahm.

Daß die Schwanter Kirchenpatrone mit ihren Seelsorgern alle in schönster Harmonie lebten, kann man nicht behaupten. Ein Pastor Neumann, offenbar ein Mann mit Humor, schrieb über seinen gnädigen Patron, er könne ihm unmöglich attestieren, daß er beständig gewesen und selig gestorben sei, »weil ich in den 40 Jahren sein Seelsorger und er in 18 Jahren mein Zuhörer nicht gewesen.«[1] Der säumige Kirchenbesucher war der Vater des Erasmus Wilhelm. Ein halbes Jahrhundert später vermerkte ein anderer Chronist zu einem Nachruf auf Matthias Friedrich Wilhelm von Redern, Nachfolger des Erasmus Wilhelm, die im Nachruf gewürdigten Verdienste des Verstorbenen beim Kirchenneubau wären in Wahrheit gleich Null gewesen, man sehe daran, »was auf diese Elogia zu geben ist.«[2]

Im selben Jahrhundert, in dem das Schloß erbaut wurde, ist auch das Schwanter Gotteshaus durch einen Neubau ersetzt worden. Die 1780 errichtete Kirche besitzt noch ihre alte Ausstattung mit Emporen auf hölzernen Säulen, barockem Kanzelaltar und hübschem Gestühl. Die Grabstätte der von Redern, ursprünglich unter der Kirche befindlich, wurde in einen Anbau an der Nordseite verlegt. Dort ist 1797 zum letztenmal ein von Redern beigesetzt worden, Erasmus Friedrich auf Königsmarck, Domdechant zu Halberstadt. Der Anbau wurde 1936 abgerissen. Nur eine große Grabplatte blieb übrig mit einer bis zur Unkenntlicheit verwitterten Inschrift.

1 S. Bernhard Daab, Aus Schwante, Klein-Ziethen und Wolfsblake. Ortsgeschichtliche Nachrichten. 1930–1942. Unveröffentlichtes handschriftliches Manuskript. Pfarrarchiv Schwante. Zu den von Daab angegebenen Quellen gehört u.a. das zu den ältesten märkischen Kirchenbüchern gehörende, 1574 beginnende Kirchenbuch aus Schwante.

2 S. ebenda

EINIGE PRAKTISCHE HINWEISE FÜR REISENDE
VEHLEFANZ–SCHWANTE

Mit öffentlichen Verkehrsmitteln gelangt man nach Vehlefanz und Schwante mit dem Omnibus von den S-Bahnstationen Hennigsdorf oder Oranienburg aus. Autofahrer erreichen die beiden ganz dicht beieinanderliegenden Dörfer über die B 273, die Schwante durchquert oder von der Autobahn aus. Wer in Vehlefanz einen besonders hübschen Spazierweg sucht, sollte den Feldweg neben der Bockwindmühle wählen. Von dort aus hat man über Seen hinweg einen wunderschönen Blick auf das Dorf. Im Berliner Umland gibt es ziemlich viele Reiterhöfe. Immer häufiger entscheiden sich Reitergruppen für mehrtägige Ausflüge zu Pferde, denn es gibt in diesem dünn besiedelten Gebiet noch weite Feld- und Waldwege.

Preiswert und märkisch ißt man in Vehlefanz im Gasthaus »Zum Alten Brauhaus« oder in der »Lindenschänke«.

Der anspruchvolle Gast wird sich im ehemaligen Gutshaus von Groß-Ziethen wohlfühlen, einst Besitz des berühmten Generalfeldmarschalls Gebhard Leberecht von Blücher Fürst von Wahlstatt. Es liegt mitten im Dorf an der Verbindungsstraße zwischen Schwante und Staffelde. Edith Freifrau von Thüngen pachtete das verwahrloste Schloß 1994, setzte es instand und richtete ein stilvolles Hotel ein.

Das alte Gutshaus im nahen Staffelde ist ebenfalls ein historisch interessanter Ort. Gewohnt hat hier der Ire Charlie Mills (1888-1972), genannt der Trabergott, ein Meister des Sulky. 1907 wurde er erstmalig Champion und errang danach Sieg auf Sieg. Er kaufte Staffelde zu Beginn der 30er Jahre und hatte es zum Trabergestüt ausgebaut. 1945 übersiedelte er nach Frankreich. Staffelde liegt an der Busstrecke.

Von Schwante, Groß-Ziethen oder Staffelde aus führen alle Wege in nördlicher Richtung in das Städtchen Kremmen (an der B 273). 300 Jahre waren die Bredows, eines der bekanntesten märkischen Adelsgeschlechter dort ansässig.

Schifferansiedlungen an der Havel

MALZ – FRIEDRICHSTHAL – ZEHDENICK

Malz

Nicht nur der Eisenbahnbau sondern auch der Ausbau von Schiffahrtswegen beeinflußte die Entwicklung verschiedener Dörfer und Städte im nördlichen Berliner Umland. Per Schiff wurden auf der Havel schon im Mittelalter Kaufmannsgüter, wie Felle, Leder, Wolle und Metall, getrocknete und gesalzene Seefische, Wein und Gewürze, vor allem Salz transportiert. Die Schiffahrt auf diesem Fluß mit seinen Biegungen, wechselndem Wasserstand, sich ständig verschiebenden Tiefen, war schwierig. Mit der Anlage von Stauwerken und Schleusen, auch mit Flutrinnen – kleineren Umgehungskanälen – hatte man schon frühzeitig begonnen. Unter dem Großen Kurfürsten wurde bereits ein Kanal zwischen Oder und Spree erbaut. Eine besonders tückische Wasserstrecke bot die Schnelle Havel, der, zwischen Liebenwalde und dem fünf Kilometer vor Oranienburg liegenden Dorf Malz, für die Schiffahrt notwendige Havelarm. Extrem kurvenreich und wechselhaft in der Wassertiefe, führte er in trockenen Zeiten so wenig Wasser, daß die Schiffahrt hier gänzlich zum Erliegen kam. Er war ohnehin nur mit kleinen Schiffen befahrbar, mit denen der zunehmende Warenverkehr im 19. Jahrhundert nicht mehr zu bewältigen war. Nach dem Bau des Malzer Kanals und der Malzer Schleuse 1827/28 konnte die Schnelle Havel als Schiffahrtsstraße aufgegeben werden. Eine zweite Schleusenkammer entstand 1857. Aus Malz wurde damals ein Schifferdorf.

Das kleine Dorf war nach dem 30jährigen Krieg entstanden. Ein aus dem Briesetal stammender Teerbrenner, Martin Lindenberg, hatte sich »auf der Malz« angesiedelt, wo zu der Zeit noch Bären und Wölfe hausten. Im 18. Jahrhundert folgten ihm weitere Siedler, Holzhauer und Büdner aus dem benachbarten Friedrichsthal.

Das Teerbrennergewerbe erlosch, nachdem Teer in größeren Mengen und billiger aus Steinkohle gewonnen werden konnte. Bis dahin qualmten in den märkischen Wäldern viele Teeröfen. Sie wurden in abgelegenen Orten errichtet, da Tag und Nacht weißlicher Rauch aus dem Ofenloch aufstieg. Das Holz, mit dem sie geheizt wurden, mußte bei starker Hitze schwelen ohne zu brennen, damit sich Teer, Pech und Kienöl daraus lösten und außen in einen Trog abflossen. Mit dem Teer wurden die hölzernen Wagenachsen geschmiert, Schiffe und Fischernetze geteert, Pech fand auf den Schiffen zum Abdichten der Holzplanken und als Schusterpech Verwendung, das Kienöl diente zur Farbenherstellung.

Solch ein vom Dorf abgeschiedenes Teerbrennerdasein regte die Phantasie des Volkes an, Sagen und Märchen spannen sich um seine Existenz. Daß sie in Malz historisch nachgewiesen ist, hinderte die Geschichtenerzähler nicht, sie im Reich der Sagen anzusiedeln, in jener unbestimmten fernen Vergangenheit, als der Riese noch am Grabow- und am Wandlitzsee beheimatet war. Dieser Riese besaß offenbar empfindliche Schleimhäute, denn der Rauch des Teerofens störte ihn so erheblich, daß er eines Tages kurzen Prozeß machte, den Teerbrenner mit seinem Ofen und all seiner Habe wie ein Spielzeug in seine Hand nahm und ihn in Malz absetzte. Dort gefiel es ihm dann so gut, daß er blieb und der Gründer des Dorfes wurde. Der aus dem Slawischen stammende Ortsname bedeutet Sumpfwald. Der Wald prägt noch heute die Umgebung des Dorfes. Er umschließt verhältnismäßig kleine Wiesen, schiebt sich vielfach als schmaler Waldstreifen in ihr Grün hinein. Es ist eine liebliche und mit den Kanälen, die Wiesen und Wälder durchziehen, auch sehr abwechslungsreiche Landschaft.

Der Anlage des Malzer Kanals war 1906–1914 der Bau des großen Oder-Havel-Kanals gefolgt. Für Frachtkähne bis zu einer um die Mitte des 19. Jahrhunderts üblichen Größe von maximal 42,5 Meter Länge und knapp 5 Meter Breite war der Malzer Kanal ausreichend. Bis zum Aufkommen der Schleppdampfer auf der Havel um 1900 wurde noch getreidelt, trecken nannte man es hierzulande, die Schleppleine wurde am Treckboom befestigt.

Die schwere Treidelarbeit besorgten die Schifferfamilien mit ihrer eigenen Körperkraft, später auch mit Hilfe von Pferden. Für den Güterverkehr in unserem Jahrhundert wurden größere Schiffsladeräume benötigt. Auf dieser Strecke transportierten die Schiffe vor allem Mauersteine, Kies, Kohle und Düngemittel in die Hauptstadt und holten den beim Berliner Bauboom reichlich anfallenden Bauschutt ab. Dafür waren die neuen, bis zu 80 Metern langen und bis zu zehn Metern breiten Schiffe sehr geeignet, der Malzer Kanal aber nicht breit und nicht tief genug.

Nach dem Bau des Oder-Havel-Kanals wurde die Malzer Schleuse für den Frachtverkehr nicht mehr benötigt, sie sorgte jedoch für die Wasserstandsregelung im großen Kanal. Eine Schleuse ist zum Wehr umgebaut worden, die andere zum Wehr mit Schleuse für Sportboote, die den Malzer Kanal bis vor kurzem noch benutzen konnten.

In Malz, durch ein Netz von Wasserstraßen – Flüsse, Kanäle und Seen – mit Elbe, Oder und Spree verbunden, lebten zeitweilig 80 Schiffseigner. Sie waren mit ihren Frachten über Oranienburg nach Berlin und Potsdam unterwegs, über die Mecklenburgischen Seen bis Schwerin, über Zehdenick zur Elbe bis Hamburg, über Niederfinow zur Oder bis Stettin. Bis in die Nachkriegsjahre hinein wurde auch noch geflößt. Und wenn die Malzer abends an den Liegeplätzen mit Schiffern aus anderen Orten ins Erzählen kamen, dann war auch von den prächtigen alljährlichen Malzer Schifferfesten die Rede, jedenfalls sprach es sich herum, man kam aus nah und fern, um dabei zu sein.

Auch als nach dem Rückgang der Kleinschiffahrt, infolge der Konkurrenz durch die großen Reedereien, nur noch wenige Schiffseigner in Malz verblieben – heute gibt es dort noch drei selbständige Schiffer – ernährte die Schiffahrt weiterhin zahlreiche Dorfbewohner. Die Malzer Werft wurde ihr Arbeitgeber. Im Gefolge des Ausbaus der Wasserstraßen im nördlichen Berliner Umland entstanden dort auch Schiffs-und Bootswerften. Die Malzer Werft, im letzten Jahrzehnt des vorigen Jahrhunderts gegründet – das älteste noch erhaltene Werkgebäude ist 1896 erbaut worden – befand sich ursprünglich in Privatbesitz. In den letzten beiden Kriegsjahren wurde sie von der Transportflotte Speer, einer Hilfsorganisation der Wehrmacht, übernommen. Die Sowjetische Militäradministration, der sie nach Kriegsende unterstand, übergab sie im März 1946 als Schiffsreparaturwerft den deutschen Behörden. Die Werft reparierte in erster Linie Spezialfahrzeuge, besonders Schubschiffe. Oft lagen sie in großer Zahl dicht aneinandergedrängt am Kai. Mit ihren schneeweißen Aufbauten boten sie von der Schleusenbrücke her ein Bild, das manchen Hobbyfotografen begeisterte. Bei den Malzer Fachleuten hielt die Begeisterung sich aber wohl manchmal in Grenzen, denn die Reparaturanfälligkeit dieser Schiffe war zeitweilig besorgniserregend.

Seit 1992 gehört der Malzer Betrieb zur Deutschen Binnenwerften GmbH, zu der sich sechs Werften zusammengeschlossen haben. Seither erhielt der Schiffsneubau, früher nur ein geringfügiger Anteil der Arbeit in Malz, einen weitaus höheren Stellenwert, ihm gilt heute die Hälfte der Leistungen dieser Werft. Es werden Spezialfahrzeuge aller Art gebaut. Auf dem Bodensee ist das in Malz produzierte Motorschiff »Königin Katharina« unterwegs. Wiener Donaufeuerwehrmänner sind mit einem Malzer Löschboot im Einsatz, und wer auf einem stilechten Mississippidampfer mit Schaufelrad fahren möchte, der muß nicht nach Amerika reisen, die in Malz gebaute 36 Meter lange »Havelperle« bietet das Vergnügen auf der Strecke von Tegel bis Liebenwalde. Der Dampfer wurde sogar mit Wasser aus New Orleans getauft. Das idyllische Malz, ein Paradies für Ausflügler, die ein bißchen Abgeschiedenheit suchen, hat weitreichende Verbindungen. Es gilt noch immer die alte Weisheit: Wasser verbindet. Davon zeugt auch ein Spruch von Antoine Saint Exupery, der im Werftbüro hängt: »Wenn Du ein Schiff bauen willst, dann trommle nicht die Männer zusammen, um Holz zu beschaffen, Aufgaben zu vergeben und die Arbeit einzuteilen, sondern lehre die Männer die Sehnsucht nach dem weiten endlosen Meer.«

Friedrichsthal

Der nordöstlich vor den Toren Oranienburgs gelegene Ausflugs- und Wohnort Friedrichsthal verdankt seine Beliebtheit der schönen, von der schnellen Havel durchströmten Landschaft.

Der Havelarm bietet hier mit seinen zahllosen Windungen noch das Bild eines Wildflusses. Die Havelwiesen, auf denen einzelne Bäume und Baumgruppen mit weit ausladenden Kronen stehen, erinnern an englische Landschaften. Feuchtigkeit und viel Platz ermöglichen dies üppige Wachstum.

Vielleicht spielte die Erinnerung an die heimische Landschaft auch eine Rolle bei dem hohen Lob, das der berühmte Philosoph der englischen Aufklärung, John Toland (1670–1722), Schloß Friedrichsthal spendete. Er besuchte es im Jahre 1706, nachdem er zuvor die Schlösser in Berlin und Charlottenburg gesehen hatte und schrieb: »Allein es mögen alle diese örter noch so bequem, so prächtig und angenehm seyn als sie immer wollen, so gefällt mir doch nach meiner phantasie das kleine hauß zu Friedrichsthal, welches eine meile von Oranienburg liegt, am allerbesten, und ist auch unter allen am meisten nach der facon des schlosses zu Marly gebaut, wie denn auch der König selbst der baumeister davon gewesen ist. Wenn mir freystehen sollte, an einem orte mit einer auserlesenen gesellschaft zuweilen allein zu seyn, oder auch bloß mit büchern umzugehen, so wollte ich keinen andern ort darzu erwehlen, als eben dieses Friedrichsthal...«[1]

Ludwig XIV. hatte das Lustschloß Marly, eine der prunkvollsten Anlagen dieser Art und beispielgebend in Europa, 1679 nördlich von Paris erbauen lassen. Es diente ihm als Eremitage, in die er sich gerne zurückzog, um ohne die anstrengende Hofetikette erholsame Tage in angenehmer Gesellschaft zu verbringen.

Die reizende Landschaft hatte Kurfürst Friedrich III. (später König Friedrich I.) inspiriert, hier am Havelufer 1697 ein Lustschloß zu errichten. Eine alte Zeichnung zeigt ein eingeschossiges Barockschloß mit turmartigem Mittelteil. Davor gruppieren sich, ähnlich wie in Marly, im weiten Halbrund in symmetrischer Anordnung Kavalierhäuser, Wirtschaftsgebäude und die Häuser der Hofbediensteten.

Der Kurfürst gab nicht nur dem Schloß, sondern auch dem Dorf, das bis dahin Grabstorp (auch Grabstorff) hieß, den Namen Friedrichsthal. Vermutlich wurde es um 1220 deutsch besiedelt. Die erste urkundliche Erwähnung erfolgte 1350, als die Markgrafen Ludwig der Ältere und Ludwig der Römer das nur aus 29 Hufen bestehende Dorf, zu dem ein Lehnschulzengut gehörte, dem Grafen Ulrich von Lindow verliehen. Kurfüst Friedrich III. erwarb es 1691.

Schloß Friedrichsthal erlebte nur eine kurze Blütezeit. Nach dem Tod König Friedrichs I., im Jahre 1713, verfiel es. Sein Sohn, der Soldatenkönig, hatte am Friedrichsthaler so wenig Interesse wie am Oranienburger Schloß. Einige Ausbesserungen, die Friedrich der Große veranlaßte, konnten den weiteren Verfall nicht verhindern, denn es fehlte die rechte Nutzung. Seine Bemühungen, wie vielerorts in Brandenburg, die Wirtschaft durch eine Spinnerkolonie zu beleben, brachten

1 S. Willi Paegelow, Heimatbuch der Gemeinde Friedrichsthal. Oranienburg-Berlin, 1934. S. 23/24. Die Geschichte bis zum Beginn des 20. Jahrh. stützt sich weitgehend auf diese Schrift

Kolonisten aus Mecklenburg und Württemberg nach Friedrichsthal, sie bezogen nach Umbauten die ehemaligen Hofbedientenhäuser. Dem Schloß bekam die neue, meist armselige Nachbarschaft denkbar schlecht. Sie bediente sich mit Balken, Türen und Dielen und verarbeitete sie zu Viehställen. Das endgültige Aus erfolgte aber erst 1873, mit einer Begründung, die den Schloßabriß zur Wohltat erklärte. Der Wohltäter war der damalige Gutsbesitzer, Fritz Plüddemann. In seinem Bericht an die Regierung schrieb er, der Dorfplatz habe durch den Abriß gewonnen, die Einfahrt von der Brücke zum Platz könne nämlich nun in gerader Flucht gelegt werden. Mit den noch verwendbaren Steinen ließ Plüddemann eine massive Mauer bauen und friedete so seinen Besitz ein.

Der einstige Schloßplatz zeichnet sich in seiner Anlage noch im Grundriß des Dorfplatzes ab. Die alte strahlenförmige Anordnung der Gebäude wurde nach dem großen Brand von 1844, als fast alle Häuser neu erbaut werden mußten, beibehalten.

In den Berichten über diesen Brand spielt der damalige Gutsbesitzer, Amtmann Bath, die Hauptrolle. Es heißt, er habe die Macht, das Feuer zu bannen. Er trat ohne Wassereimer, aber mit dem Feuersegen in Aktion, ritt dreimal um das Feuer herum, streckte die Rechte aus, mit der er das Kreuz dreimal in die Luft zeichnete und sprach den Feuersegen: »Feuer steh und vergeh.« Der zweite Teil der Feuerbekämpfung war etwas riskant, er jagte im Galopp zum Ufer des Malzer Kanals, um das Feuer, ihm direkt auf den Fersen, im Wasser zu ertränken, vorausgesetzt, es holte ihn unterwegs nicht ein. Allgemeines Herzbubbern, doch er gewann den Wettlauf und ward gerettet. Was sonst noch auf diese Weise gerettet wurde, bleibt in den Berichten unklar; der Dorfplatz jedenfalls nicht.

Zu den wenigen vom Feuer verschont gebliebenen Häusern auf diesem Platz gehörte das alte Gutshaus. Ernst Gottfried Kienitz, von 1745 bis 1783 Königlicher Amtmann, später Amts- und Kriegsrat in Friedrichsthal, hatte es für sich als Wohnsitz um- und ausgebaut.

Zum Kriegsrat ernannte ihn der König in Anerkennung seiner energischen Bemühungen, die Besiedelung mit Kolonisten in Friedrichsthal und in anderen Orten in Gang zu bringen. Aus der Landwirtschaft waren bei der mäßigen Bodenqualität in Friedrichsthal keine bedeutenden Erträge herauszuholen. So kam Friedrich der Große auf die Idee, der Gegend durch eine Manufaktur aufzuhelfen, die der Schweiz ein wenig Konkurrenz machen sollte mit der Produktion von Uhren, »Ketten und anderen Furnitures zu den Uhren« für den heimischen Markt. Kienitz erwies sich als erfolgreicher Werber und Organisator. Fünfzehn Uhrmacher aus der französischen Schweiz, Mitglieder der Reformierten Kirche, bezogen im Jahre 1782 mit ihren Familien an der Friedrichsthaler Dorfstraße eigens für sie errichtete Häuser, um am Ort eine Manufaktur einzurichten. »Wir bezeigen Ihnen also, wie sehr rührend es uns ist, und wie zufrieden wir sind über die Gebäude und die angenehme Gegend« beginnt ein an Kienitz gerichtetes Dankschreiben der Kolonisten. Es belegt nicht nur, daß sie sich in der neuen Heimat wohlfühlten, sondern auch einen, für ein märkisches Dorf, wo die Kunst des Lesens und Schreibens noch Seltenheitswert besaß, hohen Bildungsstand. So hoffnungsvoll auch der Beginn war, und obwohl die Uhrmacher Waren von einwandfreier Qualität herstellten, mangelte es an Aufträgen. Die schwierige wirtschaftliche Lage in der Zeit um 1800, aber auch eine unglückliche Wahl der Leitung des Unternehmens, führte schließlich zum Bankrott. Von den danach noch verbliebenen Schweizer Uhrmachern gab der letzte im Jahre 1846 sein Geschäft auf.

In die von den Uhrmachern verlassenen Häuser zogen Handwerker- und bald danach auch Schifferfamilien ein. Nach der Verlängerung des Malzer Kanals bis zur Friedrichsthaler Zugbrücke im Jahre 1836 wurde auch aus Friedrichsthal ein Schifferdorf. Um 1880 bestand der größte Teil der Einwohner aus Schiffseignern. Vom Frühjahr bis zum Herbst waren sie mit ihren Familien auf ihren Lastkähnen unterwegs. Ihre Heimkehr bei Anbruch des Winters zeigten die Schiffswimpel an, die an den Fahnenstangen vor ihren Häusern hochgezogen wurden.

Wie in Malz ernährte die Kleinschiffahrt nach dem ersten Weltkrieg nur noch wenige Friedrichstahler. Neue Verdienstmöglichkeiten boten sich hier durch den zunehmenden Ausflugsverkehr und besonders durch die Besiedelung der neuen Ortsteile Dameswalde und Fichtengrund. Während in Malz die Einwohnerzahl zwischen 1905 und 1938 rückläufig verlief – von rund 860 auf 660 Einwohner – fand in Friedrichsthal ein Wandlitz vergleichbarer sprunghafter Anstieg statt. 1905 zählte Friedrichsthal 595 Einwohner, im Jahre 1938 waren es 2.513. In Wandlitz stieg die Zahl im gleichen Zeitraum von 822 auf 2.418 an. Die Mehrzahl der Friedrichsthaler ist seitdem auf Arbeitsplätze in Oranienburg und Berlin angewiesen. Vom Charakter her entwickelte sich die Gemeinde zu einer Art Villenvorort von Oranienburg.

Auf den Bau einer Kirche hat Friedrichsthal sehr lange warten müssen. »Grabsdorf«, heißt es in einer Schrift von 1541, »hat keine Kirch und mussen zu Betzau zu die Kirchen gehen« (Betzau oder Bötzow, später Oranienburg). Daran änderte sich Jahrhunderte lang nichts. Die Beschwernisse häuften sich mit dem Wachstum der Einwohnerzahl. Im Winter wurde der Gottesdienst oft im viel zu engen Schulzimmer gehalten. Alle Kirchenbaupläne scheiterten an der Armut der Gemeinde, bis im Jahre 1893 durch kaiserliche Kabinettsordre 10.000 Mark bewilligt wurden. Weitere Gelder kamen durch Spenden und eine Kirchenbaulotterie zusammen. Die auf dem Dorfplatz, im damals beliebten neugotischen Stil, erbaute Kirche wurde 1897 eingeweiht. Älteren Datums ist lediglich das in ihre Nordwand eingefügte kurfürstliche Steinwappen, ein Relikt des Friedrichsthaler Schlosses.

Weder ihr Alter noch ihre Schönheit begründen ihren Denkmalwert. Sie verdient ihn, weil sie zehn Jahre lang Schauplatz historischen Geschehens von überregionaler Bedeutung wurde. Im Jahr 1933 hatte hier der Sachsenhausener Pfarrer Kurt Scharf (1902–1990) sein Amt angetreten, einer der führenden Theologen im antifaschistischen Widerstand, 1935 Präses des Bruderrates der Bekennenden Kirche in Brandenburg (1966–1976 Bischof von Berlin-Brandenburg). Die Bekennende Kirche hatte sich unter Führung so bedeutender Theologen wie Karl Barth, Martin Niemöller, Dietrich Bonhoeffer und Kurt Scharf in Auseinandersetzung mit den Deutschen Christen und im Widerstand gegen die Nazis formiert, die sich mit dem Hitlerstaat arrangiert und von ihm gefördert die leitenden kirchlichen Ämter besetzt hatten.[2] Nach dem Willen seiner Vorgesetzten hätte Kurt Scharf in seinem ersten Gottesdienst in Friedrichsthal Hitlers Machtübernahme preisen sollen. Statt dessen hielt er einen Bußgottesdienst, weil eine fremde Macht in die Kirche eingedrungen war. Suspendierungen vom Dienst und Verhaftungen durch die Staatsmacht waren damit vorprogrammiert. In den zwölf Jahren der Naziherrschaft befand er sich siebenmal in sogenannter Schutzhaft. Wiederholt erfolgte die Verhaftung in der Sakristei der Friedrichsthaler Kirche vor Beginn des Gottesdienstes. In den Zeiten, in denen ihm infolge der Suspendierung der Zutritt zur Kirche untersagt war, hat er wie viele andere Bekenntnispfarrer Gottesdienste in Privaträumen abgehalten. Im Saal des Friedrichsthaler Restaurants Fichtenhain hielt er eine Bußtags- und eine Totensonntagspredigt vor 150 Zuhörern. Der Friedrichsthaler Hauptlehrer und Kantor Ernst Gießmann (1892–1969), ein getreuer Mitstreiter von Kurt Scharf, hat davon in einer Schul- und Ortschronik berichtet, die er seit seinem Dienstantritt im Jahre 1912 schrieb und bis zum Jahre 1943 weitergeführt hat.[3]

Diese unveröffentlichte Chronik bietet auch Aufschluß über die Absichten der Deutschen Christen, die sich auf örtlicher Ebene oft noch ungeschminkter zu erkennen gaben als in offiziellen Äußerungen. Er zitierte einen ihrer Vertreter: »Es gibt keinen

2 Vgl. Hartmut Ludwig, Die Entstehung der Bekennenden Kirche. In: Beiträge zur Berliner Kirchengeschichte. Berlin 1987, S. 264 ff

3 Friedrichsthal, Orts-und Schulchronik. Handschriftliche Eintragungen des Hauptlehrers Gießmann von 1933–1943. Ev. Pfarramt Sachsenhausen. Eine ausführlichere Wiedergabe und Kommentierung der Gießmannschen Eintragungen s. auch: Sonja Wüsten, Zum 100jährigen Jubiläum der Friedrichsthaler Kirche. In: 100 Jahre Kirche Friedrichsthal 1897–1997. Friedrichsthal 1997 S. 23 ff.

anderen Weg zu Gott als über Hitler«. Der Kantor selbst war Drangsalierungen ausgesetzt, von der vorgesetzten Schulbehörde wurde ihm nahegelegt, seinen kirchlichen Dienst zu beenden. Er ist dieser Aufforderung nicht nachgekommen. Als der von ihm gegründete Chor sein 25jähriges Jubiläum auf Anordnung der Kirchenbehörde nicht in der Kirche begehen durfte, fand der Festgottesdienst mit Kurt Scharf als Festprediger unter freiem Himmel statt.

Wie an anderen Orten hat 1945 wohl auch in Friedrichsthal so manches Gemeindemitglied gedacht, mit der kirchlichen Opposition hätte es nun für immer ein Ende. Das erwies sich als Irrtum.

Ernst Gießmann schrieb in einem Brief: »Wie oft hat man versucht, mich zu bewegen, mein Kirchenamt niederzulegen, und das wiederholte sich auch nach 1945. Und schließlich war mein Festhalten an meinem kirchlichen Dienst sowohl als Religionslehrer wie als Kantor und Organist der entscheidende Grund, weshalb ich meine liebe Heimat Friedrichsthal 1948 verlassen mußte und freiwillig aus dem Schuldienst ausschied.«[4]

Ernst Gießmann übernahm 1949 als Pfarrer die märkische Gemeinde Lütte im Kirchenkreis Belzig. Auch Kurt Scharf bekam den neuen kalten Wind im östlichen Deutschland zu spüren. Im Sommer 1961, damals bereits Vorsitzender des Rates der EKD, hielt sich Scharf mit einem gültigen Passierschein in Westberlin auf. Nach dem Mauerbau wurde ihm die Rückkehr in die DDR untersagt. Erst nach 20 Jahren, zum 80jährigen Kirchenjubiläum, durfte er zum ersten Mal seine alte Friedrichsthaler Gemeinde wieder besuchen. Die Festpredigt zu halten, wurde ihm nicht gestattet. Er sollte lediglich ein Grußwort sagen. Daraus wurde dann aber doch eine Festpredigt mit vielen Erinnerungen an den Kirchenkampf in Friedrichsthal in den schweren Jahren der Hitlerdiktatur.[5]

4 Ernst Gießmann, Brief vom 28.8. 1957 an die Friedrichsthaler Gemeinde. Ev. Pfarramt Sachsenhausen
5. Bischof Dr. Kurt Scharf, Grußwort zum 80. Friedrichstahler Kirchenjubiläum Ev. Pfarramt Sachsenhausen

Zehdenick

Schleppkähne auf der Havel, vollgeladen mit Ziegelsteinen, Ringöfen und Tongruben prägten Zehdenick und seine Umgebung ein Jahrhundert lang. Beim Bau der Eisenbahnlinie Löwenberg-Templin wurden umfangreiche Tonvorkommen von hervorragender Qualität entdeckt. Bald fand man weitere Tonlagerstätten. Sie bildeten im breiten Haveltal bei Zehdenick die Grundlage für die Entwicklung einer Ziegelindustrie, die im 19. Jahrhundert zum größten europäischen Ziegelgebiet führte.

Das mittelalterliche Zehdenick gehörte wie Liebenwalde zu der Kette von Grenzfesten, die der askanische Markgraf Albrecht II. zwischen Elbe und Oder schuf. Schon in der Zeit der slawischen Besiedelung lag Zehdenick an einem wichtigen, von der Elbe her in nordöstlicher Richtung führenden Handelsweg, am Zehdenicker Havelübergang durch eine Befestigungsanlage gesichert.

Auf den Resten der slawischen Feste entstand die deutsche. Am östlichen Havelufer liegend, wurde sie von drei Seiten von der Havel umflossen. Auf der Merianschen Stadtansicht von 1631 ist an diesem Platz ein hohes vielgiebeliges Renaissanceschloß zu sehen. Die brandenburgischen Kurfürsten nutzten es gern bei Jagdvergnügungen. Im 18. Jahrhundert ist es durch ein Barockschloß mit Mansarddach ersetzt worden. Spätere Umbauten haben die Stilmerkmale vollständig verwischt.

Am westlichen Havelufer wurde ein Kloster mit Wirtschaftshof erbaut, dort hatte sich eine Handwerker- und Marktsiedlung gebildet.

Die Klostergründung wird auf ein im Jahre 1249 geschehenes Wunder zurückgeführt. Auf dem Klosterterrain, so berichtet die Legende, vergrub eine Frau aus Zehdenick vor ihren Bierfässern eine in Wachs gedruckte geweihte Oblate. Sie sollte einen höheren Umsatz beim Bierverkauf bewirken. Nach vollbrachter Tat von Gewissensbissen geplagt, gestand die Zehdenickerin die Hostienschändung ihrem Pfarrer. Es wurde beschlossen, die Oblate wieder auszugraben. Beim Graben passierte dann das Mirakel. Gleich an mehreren Stellen quoll nicht etwa Bier, sondern Blut hervor, woraufhin die mit Wunderblut getränkte Erde in die Kirche transportiert wurde. Allerdings nicht einfach so, denn eine große Zahl von Gläubigen war herbeigeströmt. Sogar Bischof Ruthgerus aus Brandenburg und die Markgrafen Johann I. und Otto III. mit ihrer Schwester Mechthild, Herzogin von Braunschweig -Lüneburg reisten an, um das Wunderblut zu sehen. Es beeindruckte die hohen Herrschaften derart, daß sie den Bau eines Zisterziensernonnenklosters an dem wunderbaren Ort in die Wege leiteten. Als Klosterstifter soll sich vor allem Otto III. betätigt haben. Es wurde im Jahre 1250 errichtet und zu Ehren der heiligen Jungfrau Maria und des heiligen Georg geweiht. Später erhielt es durch Papst Alexander V. den Namen Kloster zum heiligen Kreuz.

Es gibt noch eine andere Version der Wunderblutgeschichte. Danach ereignete sie sich in einem Haus nahe dem Rathausplatz und führte zum Bau einer Kapelle, die die Namen Kapellenstraße und Kapellenberg begründete. In den meisten Darstellungen wird diese Version mit Stillschweigen übergangen. Vielleicht mangelt es ihr an Glaubwürdigkeit, vor allem aber wohl an Attraktivität.

Das Wunderblut verwahrten die Nonnen in einem prächtigen Schrein. Er lockte zahlreiche Wallfahrer herbei. Zehdenick wurde zeitweilig ein berühmter Wallfahrtsort. Das füllte die Klosterkassen. Der Pilgerstrom riß nicht ab, bis ein ähnliches Wunder in Wilsnack geschah, und die Pilger sich mehr der 1384 erbauten Wilsnacker Wunderblutkirche zuwandten. Die Zehdenicker Reliquie ist nicht überkommen, wohl aber ein kostbares Gebetstuch, das Zehdenicker Fasten- oder Hungertuch. Darauf sind von den Nonnen im 13. Jahrhundert in feiner Filigran- und Leinenstickerei ausgeführte bildliche Darstellungen biblischer Szenen zu sehen. Es befindet sich im Berliner Märkischen Museum

Das durch die Markgrafen mit Ländereien gut ausgestattete Kloster konnte seinen Besitz in den folgenden Jahrhunderten noch vermehren. Zu den Dörfern, die Klosterbesitz wurden, gehörten u.a. Nassenheide bei Oranienburg, Schönebeck und auch das ziemlich weit entfernte Lindenberg an der Berliner Stadtgrenze.

Nach der Säkularisation war der Adel an dem Erhalt der Einrichtung interessiert, denn sie versorgte die ledigen Töchter aus adligen Häusern. So wurde aus dem Kloster, nachdem es 1541 zur protestantischen Kirche übergetreten war, ein Fräuleinstift für adlige Jungfrauen. An die Stelle der Äbtissin trat die Domina. Das Stift unterstand dem kurfürstlichen Amt, das über den ehemaligen Klosterbesitz verfügte und ihm begrenzte Einkünfte zukommen ließ. Der letzte, bis 1945 wirkende Stiftsamtmann war Friedrich Wend Fürst zu Eulenburg-Hertefeld aus Liebenberg. Zwischen Liebenberg und Zehdenick bestand zu Beginn des 18. Jahrhunderts eine sehr rege Beziehung. Als König Friedrich I. 1705 von Samuel von Hertefeld die Kolonie Neu-Holland erwarb, überließ er ihm dafür das Amt Zehdenick als Pfandbesitz.

Die Geschichte des Stiftes endete mit dem Tod der letzten Stiftsoberin, Margarete von Sondenstjerna im Jahre 1973. Sie starb im Alter von 93 Jahren.

Durch Zerstörungen im 30jährigen Krieg und durch Brandkatastrophen ist die Klosteranlage stark dezimiert worden. Die Klosterkirche wurde nach dem letzten Brand im Jahre 1801 nicht wieder aufgebaut. Doch was blieb, teils als Ruine, teils noch mit kirchlich und kulturell genutzten Räumen, hat einen ganz eigenen Reiz. Der stille, von altem Gemäuer umschlossene Hof, der Kreuzgang im einstigen Wohnhaus der Konventualinnen, blühende Gärten, überragt von der hohen Ruine des mit Efeu bewachsenen ehemaligen Klausurgebäudes aus dem 13. Jahrhundert, alle diese historischen Plätze bezaubern optisch durch die Verbindung von altem Feld-und Backsteinmauerwerk mit frischer Blumenpracht, mit Pflanzengrün und Bäumen. Fontane nannte solche Art von Schönheit Poesie und Zauber des Verfalls »der überall da waltet, wo die ewig junge Natur das zerbröckelte Menschenwerk liebevoll in ihre Arme nimmt.«[1]

1 S. Theodor Fontane, Wanderungen durch die Mark Brandenburg. Havelland. Berlin und Weimar 1979. S. 79

Der Ort Zehdenick erschien im Jahre 1216 zum erstenmal in einer Urkunde. Die frühen Schreibweisen, Cedenik, Tzedenick oder Czedenick, deuten auf einen slawischen Ursprung des Namens. Das genaue Datum der Stadtgründung ist nicht bekannt. Der Zusatz Stadt wurde in einem Schriftstück aus dem Jahre 1281 bereits verwendet. Ihr Zentrum mit der im 13. Jahrhundert erbauten Stadtkirche, mit Rathaus und Marktplatz entstand in der Nähe des Klosters. Auf eine Ummauerung verzichteten die Zehdenicker. Sie verließen sich auf den Schutz der umliegenden unpassierbaren Sümpfe. Die Klosternähe schuf günstige Bedingungen für das städtische Leben. Mit ihren weitreichenden Verbindungen belebten die Klöster Wirtschaft und Handel und verbreiteten als kulturelle Zentren praktische und geistige Bildung. Die Zehdenicker Nonnen führten eine Klosterschule für Mädchen. Eine Stadtschule, aus der eine Lateinschule für Knaben hervorging, existierte bereits in der Mitte des 16. Jahrhunderts. Die Verlegung der Propstei von Liebenwalde nach Zehdenick im Jahre 1315 unter Markgraf Waldemar, dem letzten Askanier, unterstreicht die Bedeutung, die der Stadt zuerkannt wurde. Sie profitierte auch von den Wallfahrern. Da wurden Herbergsplätze benötigt, vervielfachten sich die Einnahmen vor allem durch den Verkauf von Lebensmitteln und Getränken, und sicherlich bot man an hohen Festtagen auch allerlei Lustbarkeiten, die sich bezahlt machten. Mittelalterliche Wallfahrten waren keine Trauerumzüge.

Die Ausnutzung der Wasserkraft für wirtschaftliche Zwecke begann in Zehdenick schon im Mittelalter, mit Mehlmahl- und Sägemühlen. Aus dem 15. Jh. ist der Betrieb eines Schmelzwerkes mit einem wassergetriebenen Eisenhammer bekannt. Den Rohstoff bot das einheimische Raseneisenerz. Eisenhammer und Sägemühlen sind mit Stadt und Schloß und allem was dazugehörte, im 14. und 15. Jahrhundert mehrfach verpfändet worden.

Die Zehdenicker Geschichte stellt sich in dieser Zeit ganz ähnlich dar wie die Liebenwalder. Die Grenzstadt Zehdenick wurde nach dem Ende der Herrschaft der Askanier bis zum Beginn der Hohenzollernära zwischen mecklenburgischen, pommerschen und brandenburgischen Herren hin- und hergezerrt. Erst unter Kurfürst Joachim I. von Hohenzollern, der Stadt und Schloß mit den dazugehörigen Dörfern 1528 in Besitz nahm und in Zehdenick einen von einem Schloßhauptmann verwalteten Amtssitz einrichtete, zogen wieder Ruhe und Ordnung ein.

Offenbar sind die Zehdenicker ein Völkchen mit Geschäftssinn und Unternehmergeist, wie ihn die Bürgerin verriet, welche die Hostienschändung beging. Jedenfalls bewiesen sie, von Stadtbränden und den Verwüstungen des 30jährigen Krieges in ihrem Streben immer wieder zurückgeworfen, Zähigkeit im Ringen ums Überleben und um Fortschritt. Das belegen ihre wirtschaftlichen Unternehmungen. Noch nicht einmal zwei Jahrzehnte waren seit dem 30jährigen Krieg vergangen, da stand in Zehdenick bereits der erste Hochofen. Neben Mehlmahl- und Sägemühlen drehten sich im 17. Jahrhundert die Räder einer Walkmühle für die Herstellung von Tuchen, einer Papier- und einer Ölmühle. Auch ein Neusilberwalzwerk wurde eingerichtet. Das Zehdenicker Eisenwerk produzierte Kanonenkugeln, Glocken, Radabweiser und ist 1785 an der Herstellung der ersten in Deutschland gefertigten Dampfmaschine beteiligt gewesen.

Die frühe Zehdenicker Wohnbebauung fiel den Stadtbränden zum Opfer. Sechs schwere Brände ereigneten sich vom 16. bis zum 19. Jahrhundert. Aus dem Mittelalter überdauerten nur die Reste des Klosters und – bis auf den Aufsatz – der Turm der Stadtkirche. Das Kirchenschiff, 1687 schon einmal ausgebrannt, wurde 1801 erneut ein Raub der Flammen. Diese letzte große Brandkatastrophe vernichtete die Stadt fast vollständig. Die danach im Geschmack des Klassizismus erbauten Häuser gaben ihr ein neues Gesicht. Etwas mehr finanzielle Rücklagen als in Liebenwalde, nach dem Stadtbrand von 1832, standen in Zehdenick offenbar zur Verfügung. Es leistete sich massivere und auch größere Bauten. Dazu gehörten das geräumige Kirchenschiff, der Turmaufsatz mit Schweifhaube, Rathaus, Schule und ein zweigeschossiges Gesellschaftshaus für Konzerte, Theateraufführungen und Tanzvergnügen. Viele brandenburgische

Ziegeleien, darunter auch die vom Schönfließer Gutsherren, Friedrich Wilhelm von Pannwitz, in Stolpe gegründete, belieferten das zerstörte Zehdenick mit Mauersteinen und Dachziegeln. Der wirtschaftliche Aufschwung nach der Entdeckung der Tonlagerstätten führte zu Stadterweiterungen und zur Durchmischung mit aufwendigeren Bauwerken des ausgehenden 19. und des 20. Jahrhunderts.

Charme gewinnt der Ort vor allem durch seine Lage an der Havel. Ein besonders schönes Bild bietet der Schleusenbereich, wo sich die Wasserfläche weitet und zwei Kamelbrücken, zierliche bogenförmig geschwungene Konstruktionen, die Havelarme überspannen. Von Anbeginn bildete der Fluß eine wichtige Lebensader der Stadt Zehdenick, ein Teil ihrer Einwohner ernährte sich durch Fischfang, durch Flößerei und Schiffahrt. Nach dem Schleusenbau im 18. und 19. Jahrhundert, der Begradigung der Havel und der Anlage des Voßkanals verbesserten sich die Bedingungen für den Zehdenicker Schiffsverkehr. Die Schleuse wurde 1742 errichtet und 1813 durch einen Neubau ersetzt. Nach der Aufnahme der Ziegelproduktion kam es zu einem sprunghaften Anstieg der Schiffahrt. Wie in Malz und Friedrichsthal siedelten sich Schiffseigner in der Stadt an, aber in viel größerem Umfang, allein in dem Vorort Dammhast gab es 1895 125 Schiffseigner. In der Folge entstanden Schiffsbauplätze und wurden Gewerke, wie Schiffszimmerei, Seilerei, Ruder- und Segelmacherei in Zehdenick heimisch. Das Schiffsvolk wohnte vornehmlich in den Vorstädten Dammhast und Kamp.

Die Zehdenicker Ziegelproduktion wurde 1991 eingestellt. Viele andere im Havelgebiet errichtete Ziegeleien wie in Birkenwerder, in Mühlenbeck, in Hermsdorf oder in Lübars haben die Produktion aus unterschiedlichen Gründen schon vor vielen Jahrzehnten aufgegeben, u.a. spielte die Zehdenicker Konkurrenz eine Rolle, eine mindere Qualität des Tons und die schlechte Auftragslage nach dem 1. Weltkrieg.

Daß die Zigeleien im 19. Jahrhundert wie die Pilze aus dem Boden schossen, geht nicht nur auf die wachsende Bautätigkeit seit den Gründerjahren zurück, sondern auch auf die relativ geringen Investitionen, die für die damals noch nicht mechanisierte

Ziegelindurstrie erforderlich waren. Der Rohstoff wurde mit dem Spaten gestochen, die Streicher nahmen den Tonklumpen mit der Hand vom Streichtisch, schlugen ihn in eine hölzerne Form und brachten den Rohling zum Trocknen. Danach setzte ihn der Ofenarbeiter ebenfalls mit der Hand in den Brennofen ein. Die Arbeitszeit war lang. Nach einer Arbeitsordnung für die Arbeiter der Ziegelei von Bremer & Co in Dammhast aus dem Jahr 1897 dauerte sie für Männer über 16 Jahre vom 1. April bis zum 30. September von Sonnenaufgang bis Sonnenuntergang. Die Zehdenicker Ziegeleien waren Saisonbetriebe. Je nach Arbeitslage währte die Saison 3–6 Monate.[2]

Die Zehdenicker Landschaft ist dauerhaft durch den Tonabbau gezeichnet worden, eine eigenartig schöne Landschaft, die vom Rand der genannten Vorstädte in nördlicher Richtung bis über Mildenberg hinausreicht, wo jetzt ein Ziegeleimuseum besichtigt werden kann. Durch die schrittweise Austonung der Gruben und die Erschließung neuer Tonlagerstätten bildeten sich größere und kleinere Seen. Die offen gebliebenen Resttonlöcher füllten sich mit Wasser. Im Laufe der Jahrzehnte wuchs drum herum eine üppige Flora. Um die fünfzig idyllisch gelegene Tonstiche mit glasklarem Wasser locken Angler, Wassersportler, Radler und Wanderer nach Zehdenick. Auch an den heißesten Sommertagen finden sich noch genügend stille schattige oder sonnige Plätze an den Ufern der Seen in der weiten Wasserlandschaft.

2. S. Wilhelm Wegener, Aus dem Leben eines Ziegeleiarbeiters. In: Festschrift zur 750-Jahr-Feier der Havelstadt Zehdenick. 1967. S. 70 ff. und Hans Steinberg, Die Entwicklung der Ziegelindustrie im Raum Zehdenick. Ebenda S. 122 ff.

EINIGE PRAKTISCHE HINWEISE FÜR REISENDE
FRIEDRICHSTHAL–MALZ–ZEHDENICK

Wer unterwegs nach Friedrichsthal und Malz über die B 96 nach Oranienburg hineinfährt, passiert die Havelbrücke am Schloßplatz. Dort ist das Oranienburger Schloß eigentlich nicht zu übersehen. Es geschieht dennoch häufig, was wohl daran liegt, daß dieses Stadtschloß über Jahrhunderte eine erbärmliche Behandlung erfuhr. Erbaut für die Gemahlin des Großen Kurfürsten erlebte es eine Blütezeit unter König Friedrich I., der es zum Lustschloß ausbaute. Für den nachfolgenden Soldatenkönig war es mehr Last- als Lustschloß. Im 19. Jahrhundert wurde darin eine Schwefelsäurefabrik eingerichtet. Die Schwefeldämpfe beizten einen großen Teil der Raumdekorationen hinweg, ein Seitenflügel brannte aus. Eine kürzere Zeit wurde es danach als Lehrerseminar genutzt und eine viel längere - bis zur Wende - als Kaserne. Jetzt erfährt es eine Gesamtinstandsetzung. Was an alter Ausstattung gänzlich verloren ging, ist dadurch nicht wiederzugewinnen. Aber neben der Sanierung sollen doch die schlimmsten baulichen Verschandelungen beseitigt werden.

Die Straße nach Friedrichsthal und Malz durchquert einen Ort, der den Leser, der die Geschichte der Friedrichstahler Kirche in unserem Jahrhundert und die der Familie von Veltheim im Gedächtnis hat, besonders berühren wird. Es ist Sachsenhausen. Hinweisschilder zeigen den Weg zur Gedenkstätte mit dem nach einem Brandanschlag wieder aufgebauten jüdischen Museum im ehemaligen Konzentrationslager Sachsenhausen.

Friedrichsthal und Malz liegen so nahe beieinander, daß man mühelos von einem zum anderen Ort laufen kann. An der Schnellen Havel oder am Malzer Kanal entlang gibt es schöne Spazierwege. Und zum Einkehren bietet sich das am Malzer Kanal gelegene Restaurant »Waldschlößchen« an.

Nach Zehdenick fährt der Reisende ohne Auto am bequemsten mit der Bahn. Die Züge von Charlottenburg über Oranienburg fahren etwa im Zweistundentakt. Ebenso wie Joachimsthal ist auch Zehdenick ein angenehmer, mit seinen Hotels auf Feriengäste eingerichteter Urlaubsort. Das Zehdenicker Fremdenverkehrsbüro (Schleusenstaße 15, Telefon 03307 / 28 77) vermittelt zudem Ferienwohnungen und private Zimmer. Ausflüge zu nahe gelegenen Sehenswürdigkeiten, wie der Mildenberger Museumspark oder der nördliche Teil der Schorfheide mit dem Döllnsee, sind auch mit Linienbussen möglich. Nur 20 Minuten dauert die Busfahrt nach Gransee. Mit ihrer mittelalterlichen Stadtbefestigung, der gotischen Marienkirche und vielen anderen denkmalwerten Bauten gehört Gransee zu den schönsten märkischen Städten. Und die unmittelbare Zehdenicker Umgebung bietet wie alle genannten märkischen Orte noch viel Natur pur: gute Waldluft, unter den Füßen keinen Beton, sondern Sand, weichen bemoosten Waldboden und Wiesengras – eine Wohltat für pflastermüde Füße.

QUELLEN- UND LITERATURHINWEISE

– Walter Blankenburg, Christine Papendieck: Kleine Wandlitzer Geschichte. Wandlitz 1990
– Der Teufel als Spielmann. Die schönsten Sagen aus der Mark Brandenburg. Ausgewählt von Joachim Winkler. Berlin 1993
– Hans Coppi, Harro Schulze-Boysen: Wege in den Widerstand. Koblenz 1993
– Bernhard Daab: Aus Schwante, Klein-Ziethen und Wolfslake. Ortsgeschichtliche Nachrichten. 1930–1942. Unveröffentlichtes handschriftliches Manuskript. Pfarrarchiv Schwante
– Georg Dehio: Handbuch der deutschen Kunstdenkmäler. Bezirke Berlin/DDR und Potsdam. Bearbeitung Institut für Denkmalpflege. Berlin 1983. Die Bezirke Cottbus und Frankfurt/Oder. München Berlin 1987
– Walter Dinger: Der Kreis Niederbarnim. In: Unsere Märkische Heimat. Bd. 2, Kiel 1967
– August Engelin, Wilhelm Lahn: der Volksmund in der Mark Brandenburg. Berlin 1868
– Wend Graf zu Eulenburg-Hertefeld: Ein Schloß in der Mark Brandenburg. Stuttgart 1993
– Ernst Fidicin: Geschichte des Kreises Nieder-Barnim. Berlin 1857
– Theodor Fontane: Wanderungen durch die Mark Brandenburg. Berlin u. Weimar 1976–87
– Forschungen zur brandenburgisch-preußischen Geschichte. Märkische Forschungen des Vereins für Geschichte der Mark Brandenburg
– Paul Franke: Liebenwalder Kirchengeschichte an Hand von Kirchenbucheintragungen. In: Jahrbuch für Berlin-Brandenburgische Kirchengeschichte. 46. Jahrgang 1971
– I. G. Th. Grässe: Sagenbuch des Preußischen Staates. Glogau 1868
– W. Hintze: Malz, kurzer Abriß seiner Geschichte. In: Heimat Welt. 1953 . S. 149 ff.
– W.Hintze: Martin Lindenberg, der Gründer des Dorfes Malz. In: Heimat Welt. 1927 S. 498 ff.
– Historisches Ortslexikon für Brandenburg. Teil IV. Barnim. Bearbeitet von Lieselott Enders (Mitarbeit Margot Beck) Weimar 1980

– Georg Holmsten: Brandenburg, Geschichte des Landes, seiner Städte und Regenten. Berlin 1991
– Willi Jäger: Brandenburg, unsere märkische Heimat. Berlin 1959
– Festschrift zur 350-Jahrfeier der Stadt Joachimsthal. 1904–1954. Joachimsthal 1954
– Kirchenakten der evangelischen Pfarrämter in Liebenwalde, Schildow, Schönfließ, Schwante und Stolpe
– Erich Kittel: Die Erbhöfe und Güter des Barnim 1608/1652. Bernburg 1937
– Gerd Koischwitz: Märkische Geschichte und Geschichten. Berlin o.J.
– Christian Graf von Krockow: Fahrten durch die Mark Brandenburg. München 1993
– Wilhelm Lahn: Noch einmal seh ich alles wieder. Erinnerungen eines Fünfundsiebzigjährigen. Potsdam 1906
– Lehre zur Honig-Verwertung... Hrsg. Wilhelm Lahn. Vorstandsmitglied des Bienenzucht-Vereins. Oranienburg 1888
– Lothar Lauwasser: Allerlei Interessantes aus der Geschichte der Stadt Zehdenick. In: In und um Zehdenick rum Zehdenick 1994
– Winfried Löschburg: Das Schlößchen Dammsmühle. In: Kultur Gesellschaft Heimat. Oranienburger Heimatzeitschrift Nr.5 1960. S. 159 ff.
– Irmgard von der Lühe: Elisabeth von Thadden. Ein Schicksal unserer Zeit. Düsseldorf–Köln 1966
– Herbert Lüpnitz: Chronik des Dorfes Schildow. Schildow 1958. Unveröffentlichtes in Schildower Kirchenbesitz befindliches Manuskript
– Sigrid Moser: Geschichte(n) rund ums Mühlrad. Mühlenbeck 1994
– Opposition gegen Hitler und der Staatsstreich vom 20. Juli 1944. (Geheime Dokumente aus dem ehem. Reichssicherheitshauptamt). Hrsg. Hans-Adolf Jacobsen. Stuttgart 1989
– Willi Paegelow: Heimatbuch der Gemeinde Friedrichsthal. Oranienburg–Berlin 1934
– Jan Peters, Hartmut Harnisch, Lieselott Enders: Märkische Bauerntagebücher des 18. und 19. Jahrhunderts. Weimar 1989

– Hans Preuß, Horst Hering: In der Schorfheide, Streifzüge zwischen Havel und Grimnitzsee. Leipzig 1975
– Max Rehberg: Vom Glin zum Barnim. Oranienburg 1923
– Max Rehberg: Handbuch von Oranienburg und Umgebung. Oranienburg 1928
– Gerhard Schlumpert: Brandenburgisches Namensbuch Teil 5, die Ortsnamen des Barnim. Weimar 1984
– Gg. Schmidt: Schönfließ. Als Handschrift gedruckt. Schönfließ 1913
– Zwischen Schorfheide und Spree. Hrsg. Dr. M. Weiß und Max Rehberg. Berlin 1940
– Johannes Schultze: Die Mark Brandenburg. 4 Bde. 1961–1964
– Reinold von Thadden-Trieglaff: Auf verlorenem Posten? Ein Laie erlebt den evangelischen Kirchenkampf in Hitlerdeutschland. Tübingen 1948
– Wilhelm Wolff: Was uns eine alte Mühle erzählt. In: Heimat Welt 64/1929
– Festschrift 750 Jahre Vehlefanz 1241–1991. Vehlefanz 1991. Chronik zusammengestellt von Helia Leipelt. Manuskript in Maschinenschrift, vervielfältigt. Privatbesitz Strehmel Vehlefanz
– Familienarchiv Marlene von Veltheim Rübcke
– Johann Martin Vollmer: Geschichte von dem Adlichen Gute Schoenfließ. 1420–1797. Handschriftliche Aufzeichnungen. Besitz der ev.Kirche in Stolpe
– Festschrift zur 750-Jahrfeier der Havelstadt Zehdenick. Zehdenick 1967
– Gerhard Zirke: Dammsmühle. Commerz, Politik, Frivoles im Haus am See. Berlin 1992

ÜBER DIE AUTORIN

Sonja Wüsten, 1928 in Berlin-Zehlendorf geboren. Studium der Malerei, 3 Jahre Kunsthochschulen in Berlin, Stuttgart, Weimar; vier Jahre Studium im Fach Kunsterziehung an der Greifswalder Universität und der Berliner Humboldt-Universität, 1955 Staatsexamen. Danach in den Bereichen Kunsterziehung, Kultur und Kunstwissenschaft tätig. 1968–1988 wissenschaftliche Mitarbeiterin an der Kunsthochschule Berlin. 1975 Promotion an der Universität Halle/Saale, Thema: Theodor Fontanes Verhältnis zu den historischen Denkmalen. Veröffentlichungen über Fontanes Reiseliteratur, kunstwissenschaftliche Beiträge. Buchveröffentlichung (Wüsten, Wolf, Flieger), Leipzig 1993, Thema: Mode und Wohnen. Seit sechs Jahren heimatgeschichtliche Beiträge für Zeitungen. Neben der wissenschaftlichen Arbeit immer auch gemalt. Einzelausstellungen in Potsdam, Heimatmuseum Reinickendorf, Schloß Oranienburg.